Die sorgfältig erarbeiteten Inhalte und Informationen dieses Buches sind ohne Gewähr. Für eventuelle Schäden oder Nachteile, die direkt oder indirekt aus der Anwendung der Rezepte oder Ratschläge in diesem Buch resultieren können, wird weder von des/der Autor/in, noch vom Publizist Haftung übernommen. Dieses Buch ersetzt keine medizinische Beratung und dient lediglich als Leitfaden. Für Aktualität und Vollständigkeit kann keine Garantie gegeben werden. Auch Druckfehler und Falschinformationen können nicht gänzlich ausgeschlossen werden.

Impressum

1.Auflage

Kontakt: David Greinhofer, Ainet 75a 9951 Ainet,
Österreich
genoedvd@gmail.com

Coverfoto: depositphotos.com
ISBN: 9798621716042

One Pot Pasta

FrontRow Kitchen

Inhaltsverzeichnis

Warum One Pot Pasta?

Oh Italien! Deine Küche muss man einfach lieben! Deine kulinarischen Kreationen finde ich an jeder Ecke, sogar im türkischen Imbiss verkaufen sie Pizza im "italienischen Stil". Schon als Kind habe ich mit Vorliebe Deine Spezialitäten geschlemmt. Jeden Samstagnachmittag bin ich mit meinem Opa voller Vorfreude zur Eisdiele spaziert – zu Luigi, dem netten großen Mann, der mir immer eine extra große Kugel auf die Waffel formte: Stracciatella und Schokoladeneis – eine Kombination, die mich heute noch an meine Kindheit erinnert.

Als Jugendlicher entdeckte ich Deinen Café, konnte gar nicht genug von Cappuccini und Espressi bekommen. Das schwarze Gold ist bis heute ein wesentlicher Bestandteil meines Lebens. Beim Lieblingsitaliener meiner Eltern lernte ich Tiramisù schätzen und lieben. Ich kenne bis heute kein vollkommeneres Dessert – liebes Italien, das größte Deiner Geschenke an die Welt begleitet mich in allen Phasen meines Lebens und vermag mich immer wieder neu zu überraschen – ohne mich jemals zu enttäuschen. Dieser Alleskönner in allen Formen und Größen, aus Getreide, Wasser und manchmal auch Ei ist das perfekte Beispiel für perfekte Simplizität: Pasta.

Schon bevor ich überhaupt sprechen konnte, waren Spaghetti mit Tomatensoße der größte Hit auf meinem Hochstuhltablett. Meine Mutter erzählt mir heute noch, dass sie genau wusste, wie sie mir ein Lächeln in mein hungriges Kindergesicht zaubern konnte. Daher servierte sie mir regelmäßig die langen Nudeln mit der roten Soße, auch wenn meine Nase und meine Wangen, meine Kleidung und der Fußboden auch immer ihre Portion abbekamen. Wenn mich meine Eltern im Kindergartenalter fragten, was ich denn zu Abend essen möchte, landeten in 99 % der Fälle Nudeln auf der Wunschliste. In der Grundschule sollte ich im Kunstunterricht mein Leibgericht malen. Ohne zu zögern und mit größter Sorgfalt konnte ich nicht anders und malte jede einzelne Falte, jede noch so kleine Erbse und sogar geriebenen Parmesan von meinem damaligen Favoriten: Tortelloni mit Schinken– Erbsen– Sahne– Soße. Noch nie habe ich so detailgetreu eine Schulaufgabe erledigt. Danach hatte ich ganz schön Hunger.

Ich gehe stark davon aus, dass ich nur einer von vielen bin, denen Pasta schon seit jeher verlässlich den Hunger gestillt und den Gaumen verwöhnt hat. Ich bin außerdem davon überzeugt, dass Du Dich in diese Kategorie mit einreihst, sonst hättest Du bestimmt nicht dieses Buch in der Hand. Doch eine Sache durfte ich genießen, die nicht selbstverständlich ist: das Privileg, sich mit italienischen Freunden umgeben zu können und in dem Land der weltberühmten Kulinarik die Kunst des Kochens mit all seinen Facetten zu erlernen. Während meines Studiums hatte ich die Chance an Kochseminaren in verschiedene Regionen Italiens teilzunehmen, um dort von Küchenchefs Einsichten in die Kunst der verzaubernden italienischen Küche zu erhalten und selbst anzuwenden. Deshalb möchte ich mit diesem Buch einerseits meine Erfahrung und mein Wissen aus Italien und aus der Gastronomie mit Dir teilen. Andererseits habe ich eine Technik weiterentwickelt, die ich erst außerhalb der traditionellen Küche kennengelernt und perfektioniert habe.

Diese Technik ist die äußerst effiziente, minimalistisch geprägte One Pot Küche. Kochen in nur einem Topf ist eine Methode, die sich immer größerer Beliebtheit erfreut. Auf allen Blogs, Social Media, YouTube und Online- Rezeptsammlungen ist One Pot vertreten. Es scheint ein unaufhaltbarer Trend zu sein. Und jetzt schreibt auch noch jemand ein ganzes Buch darüber! Doch warum eigentlich genau? Ganz einfach, weil One Pot die Lösung für einige Probleme ist! Glaubst Du mir nicht? Dann folge mir in die folgenden drei Szenarien...

Szenario 1: Der lange Arbeitstag

Du kennst es bestimmt auch, abends nach einem langen, anstrengenden Arbeitstag hungrig nach Hause zu kommen. Der Magen knurrt, die Spüle ist noch voll mit dem dreckigen Geschirr des Frühstücks. Ich weiß nicht, wie es Dir geht, aber Lust zu kochen habe ich da eher nicht. Das dauert zu lange und dann muss nur noch viel mehr gespült werden. Meinem nüchternen Magen gefällt mein Zögern ganz und gar nicht, er antwortet mit einem lauten GRRR. Was nun, Pizza bestellen? Ausgehen? Klingt zwar wirklich verlockend und eigentlich wollte ich auch mal dieses neue Restaurant am anderen Ende der Stadt ausprobieren... aber das braucht auch seine Zeit, und wenn ich so weitermache, geht das auf Dauer ziemlich ins Geld. Die Lage scheint aussichtslos. Ich hab' einfach Hunger!

Wie ich mich trotzdem am Leben halte, ohne pleite zu gehen? One Pot Pasta! Ihre super schnelle Zubereitungszeit und die Tatsache, wesentlich weniger spülen zu müssen, machen sie zur echten Geheimwaffe an Tagen, an denen man "eigentlich keine Zeit zum Kochen" hat. Sag "Arrivederci" zu Deinen Ausreden, nicht kochen zu wollen!

Szenario 2: Der kurzfristige Gast

Oder wie wär's hiermit: Hattest Du schon mal spontanen, hungrigen Besuch, der sich zu Dir nach Hause einlädt? Unzählige Male kann ich vom Anruf meiner besten Freundin berichten. Sie kocht nicht wirklich gern, ich normalerweise schon. Daher lädt sie sich unwahrscheinlich gern bei mir zum Essen ein. Wenn abends mein Telefon klingelt, läuft das dann ungefähr so: "Hey, ich komme gerade von der Arbeit und bin bei Dir um die Ecke, kann ich vorbeikommen? So in 20 Minuten, okay?" – "Klar, kein Problem. Hast Du Hunger?"

Hab' ich das gerade wirklich gefragt? Klar hat sie Hunger! Ich bin ja auch gerade erst heimgekommen und falle selbst fast vom Fleisch. Was biete ich meinem Besuch denn jetzt an? Toastbrot? Rohkost? – Bist ja ein richtig guter Freund.

Was gibt's letztendlich zu Abend? One Pot Pasta! Denn alles, was man braucht, ist ein bisschen frisches Gemüse und eine Packung Nudeln. In zwanzig Minuten steht der Besuch vor der Tür – und das Essen auf dem Tisch. Und meine beste Freundin kocht mittlerweile tatsächlich auch öfter selbst. Dreimal darfst Du raten, was...

Szenario 3: Die minimalistische Küche

Ob im günstigen Studentenwohnheim, beim Campen in der Natur oder beim Städtetrip im Airbnb – manchmal muss man eben mit wenig Equipment auskommen. Wenn man Glück hat, hat man gerade mal eine Kochplatte. Fertiggericht oder Butterbrot lautet oft das Ergebnis. Aber muss das wirklich sein? Natürlich nicht! Mit ein wenig Übung und der richtigen Technik reicht auch die kleinste Airbnb- Küche für ein ausgezeichnetes Dinner! Dank der One Pot Pasta gelingt es Dir ab sofort, auch mit minimalistischer Ausstattung ein super leckeres, frisches und vollwertiges Gericht zu zaubern.

Wie Du siehst, ist es ganz egal, welche Situation Dir kulinarisches Kopfzerbrechen bereitet: Du hältst die Lösung in Deiner Hand! One Pot Pasta – die berühmten Nudeln aus nur einem Topf machen Dir in kurzer Zeit das Leben leicht. Mit leckerem, frischem und gesundem Essen in nur wenigen Minuten kann Dein Feierabend von nun an schnell beginnen, Dein spontaner Besuch nicht schnell genug klingeln und Dir keine Küche zu klein sein. Also, los geht's. Auf in die Küche, fertig, los!

One Pot Know- How

Okay, einen Moment noch. Denn wenn es schnell und einfach gehen soll, kann Kochen ohne das grundlegende Wissen und die nötige Erfahrung schnell zu einem unbefriedigendem Ergebnis führen. Das beste Beispiel dafür ist eine Kindheitserinnerung meiner Frau, aus einer Zeit, als ihre Mutter für eine Woche allein im Urlaub war. Zuhause waren drei Kinder im Alter von 4 bis 10 Jahren, gestrandet mit ihrem Vater, der weder kochen konnte noch kochen wollte; der zugegebenermaßen aber auch nicht die Zeit hatte, sich allein zwischen Arbeit in Vollzeit, Haushalt und Kindererziehung hoch drei auch noch mit der Nahrungszubereitung für die reduzierte Familie auseinanderzusetzen. Nun ja, irgendetwas musste er ja den Hungrigen, auf den Tisch trommelnden Kids auf den Teller bringen, und Not macht bekanntlich erfinderisch. Im gewissen Sinne hat er sich tatsächlich mit Ruhm bekleckert. Die ganze Woche lang servierte er nämlich ein einziges warmes Gericht – sieben Tage lang dasselbe! Sein Meisterwerk, für das er bis heute im größeren Bekanntenkreis bekannt ist, trägt den malerischen Namen "Spaghetti mit Nix". Lieber Schwiegerpapa, ich hoffe Du verzeihst mir, dass es dieses famose Gericht nicht in dieses Kochbuch geschafft hat.

Dieses Buch ist dazu da, Deinem kulinarischen Lebenslauf ruhmreiche Stories wie diese zu ersparen. Und: One Pot Pasta ist keine große Wissenschaft. Aber gewusst wie! Denn natürlich unterscheidet sich das Kochen in einem einzigen Topf von der konventionellen Herangehensweise. Es bedarf ein wenig Erfahrung, um die Zutaten zum perfekten Zeitpunkt in den Topf zu geben und im Anschluss die richtige Menge Wasser und die richtige Hitze zu verwenden. Soße und Nudeln im selben Topf zuzubereiten ist eine Kunst, die richtig Spaß macht. Keine Sorge, mit der Zeit wirst Du die Technik perfektionieren, Deinen Herd und Dein Equipment in der Anwendung etwas besser kennenlernen und schon bald One Pot Pasta Profi sein. Und mal ganz ehrlich, selbst wenn Du am Anfang die Pasta mal zu früh reintust oder den Knoblauch vergisst, Nudeln schmecken trotzdem immer. Und wie bei allem gilt auch hier: Übung macht den Meister. Für den ersten Schritt in Deiner Karriereleiter beginnen wir mit wichtigem, theoretischem Grundlagenwissen.

Die simple Methode

Das Kochen in einem Topf baut darauf, genau die Menge Flüssigkeit zu verwenden, die die Nudeln gar werden lässt und gleichzeitig während des Kochens verdampft. Dazu müssen wir zuerst einberechnen, wie viel Flüssigkeit die frischen Zutaten abgeben. Beispielsweise geben Pilze und Tomaten viel, Karotten hingegen wenig Wasser ab. Der zweite Faktor ist die Garzeit der verwendeten Nudeln, die zwischen den verschiedenen Sorten, aber auch zwischen den einzelnen Herstellern variiert. Grundsätzlich möchte ich Dir ans Herz legen, lieber etwas weniger Wasser zu verwenden und im Zweifel noch etwas nachzugeben, anstatt mit zu viel Flüssigkeit im Topf die Nudeln zu verkochen.

Meine Faustregel lautet 1 zu 2: Das heißt, auf eine 500g Packung Nudeln kommen ungefähr 1 Liter Flüssigkeit. Ungefähr, weil wasserabgebende Zutaten wie Tomaten die Menge des zu verwendenden Wassers entscheidend verringern. Und nicht immer wird bloßes Wasser verwendet, denn manchmal fügen wir unseren Gerichten auch Sahne, Brühe oder Wein hinzu. Das verrechnet sich dann natürlich entsprechend im Gesamtvolumen.

Die Methode des Verdampfens funktioniert allerdings nur, wenn heiß genug gekocht und gleichzeitig genug gerührt wird. Du musst zwar nicht 12 Minuten lang durchgehend am Herd stehen, bis Dein Arm lahm wird. Sorge aber dafür, dass die Zutaten anfangs gut vermischt werden und ein homogenes Bild ergeben und dann mindestens alle zwei Minuten einmal gründlich gerührt wird. Durch das Vermengen sorgst Du dafür, dass das heiße Wasser vom Boden des Topfes auch nach oben transportiert wird. Damit erzeugst Du zum einen einheitliche Hitze im Topf, sodass die Zutaten gleichmäßig garen, zum anderen verdampft durch die Bewegung das Wasser schneller und besser als im ruhenden Zustand. Die Hitze des Herdes sollte so hoch sein, dass der Topfinhalt vom leicht blubbernd kochenden Wasser bewegt wird, wenn Du nicht rührst, das Ganze aber auch nicht sprudelnd kocht.

All das ist allerdings weniger effektiv, wenn Du einen ungeeigneten Topf verwendest. Daher kommen wir nun zu den besten Utensilien.

Das nötige Equipment

"Viel hilft viel", antwortete meine Großmutter auf meine Frage, warum sie sich am Markt schon wieder ein neues Küchenmesser kaufe. Meine eigene Küchenerfahrung als Siebenjähriger hielt sich in Grenzen und meine Oma kochte wirklich ausgezeichnet gut. Sie wird schon Recht haben, dachte ich. Heute belächle ich meinen jugendlichen Leichtsinn, denn mittlerweile weiß ich es besser. Um leckere Pasta zuzubereiten, braucht es keine zehn verschiedenen Messer oder zwölf unterschiedliche Töpfe. Bei One Pot Pasta gilt das Motto "weniger ist mehr" – sorry, Oma!

Nun gut, dass wir mit einem Topf allein noch keine Zwiebel schneiden können, liegt auf der Hand. Und für Spaghetti mit Nix von meinem Schwiegervater steht das Rezept auf der Rückseite der Nudelpackung. Die Grundausstattung fällt dann doch ein wenig umfangreicher aus, damit wir auch abwechslungsreich kochen können. Doch Du wirst staunen: Für alle 21 Rezepte in diesem Buch, um die perfekte Pasta aus nur einem Topf zu zaubern, reichen uns ganze sechs Utensilien.

Das Schneidebrett – Lieber zu viel Platz als zu wenig

In nahezu all unseren Rezepten ist frisches Gemüse mit von der Partie. Mal mehr und mal weniger, aber ein bisschen Schnippeln müssen wir eigentlich immer. Wir wollen die Anzahl unseres benötigten Equipments so klein wie möglich halten, daher rüsten wir uns mit einem großen, bestenfalls dicken und hölzernen Schneidebrett für alle Eventualitäten. Um alle zu schneidenden Zutaten vorzubereiten, brauchen wir natürlich Platz. Und da wir so wenig wie möglich spülen wollen, sollten wir Gemüse nicht in Schüsseln parken müssen. Doch auch aus Sicht der Handhabung ist ein großes Schneidebrett definitiv von Vorteil. Ich halte kleine Schneidebretter für unpraktisch, weil meistens die Hälfte des Geschnittenen währenddessen auf die Arbeitsplatte fällt. Das alles wieder aufzusammeln kostet unterm Strich mehr Zeit, als man sich beim Abspülen einspart. Und Spaß macht's auch keinen. Mein Schneidebrett misst daher knapp 30 x 50 cm.

Das Messer – Groß und Breit bringt Sicherheit

Die korrekte Messerauswahl wird häufig unterschätzt; die falsche Wahl entlarvt jeden Laien. Doch das richtige Messer zu verwenden macht einen riesigen Unterschied! Natürlich haben wir intuitiv vor großen Messern Angst. Auf den ersten Blick ist das durchaus verständlich, aber mit etwas Erfahrung in der Küche wird die Angst schnell verfliegen und sich große Freude an einem guten Messer breit machen. Ich behaupte nicht, dass kleine Messer keine Daseinsberechtigung haben. Aber meine Welt hat sich grundlegend verändert, nachdem ich das erste Mal gemeinsam mit Profis gekocht habe und von ihnen lernen durfte. Seitdem schneide ich sogar die kleinste Knoblauchzehe mit meinem großen Küchenmesser: 20 cm Klinge, 3 bis 4 cm Rücken, leichte Rundung und spitz zulaufend. Um das gewünschte Ergebnis zu erzielen und dabei noch alle Finger zu behalten, kommt es auf die Technik an, die ich in den Küchentricks in Kapitel 5 erkläre. Dort stelle ich Dir auch die unterschiedlichen Messertypen, ihre Vorzüge und Einsatzbereiche vor. Wer sich ständig in die Fingerspitze schneidet, lege ich dieses Kapitel besonders ans Herz.

Der Topf – das weite Rund

Da all unsere Zutaten in einem Topf Platz finden werden, muss der Topf natürlich auch groß genug für alles sein. Die wichtigste Eigenschaft ist dabei der Durchmesser. Der Topf muss weit genug sein, um das Wasser leicht verdampfen zu lassen, sonst braucht es zu lange und die Nudeln verkochen. Für die Rezepte in diesem Buch empfehle ich einen Topf mit mindestens 24 cm Durchmesser kombiniert mit maximal 12 cm Wandhöhe. Dies gilt nur als grobe Orientierung – kein Problem also, wenn Dein Topf ein, zwei Zentimeter davon abweicht. Für unsere 25 cm langen Spaghetti oder Linguine ist in manchen Töpfen aber kein Platz, sodass Du sie gegebenenfalls auseinanderbrechen musst. Den zum Topf passenden Deckel dazu brauchen wir zwar selten in der Zubereitung, aber Du solltest ihn auf jeden Fall parat haben, vor allem um den Teil der Portion, der erstmal noch nicht auf dem Teller landet, warm zu halten.

Eine oft und heiß diskutierte Frage, wenn es um Töpfe und Pfannen geht: beschichtet oder unbeschichtet? Meine ausführlichen Gedanken dazu findest Du in Kapitel 5. Meine Devise für die Gerichte in diesem Buch lautet ganz klar: unbeschichtet! Wir werden bei der Zubereitung unserer One Pot Pasta viel mit unserem Metallutensil hantieren, das die Beschichtung zerkratzen würde. Welches Utensil wird das wohl sein…?

Die Spaghettizange – die Allzweckwaffe

Um dem minimalistischen Stil der One Pot Küche gerecht zu werden, empfehle ich die Verwendung einer Spaghettizange. Wie bitte? Keinen Kochlöffel? Nein, denn die Zange ist eine Allzweckwaffe, die für alle unsere Rezepte geeignet ist. Sie darf auch zum Umrühren zweckentfremdet werden – und das klappt wunderbar. Aber hast Du schon einmal versucht, Bandnudeln oder Spaghetti mit dem Kochlöffel zu servieren?

Da die Soße in unseren Gerichten im selben Topf wie die Nudeln gekocht wird und sich nach und nach an die Pasta schmiegt, brauchen wir keinen Schöpflöffel. Mit der Spaghettizange lässt sich jede One Pot Pasta kinderleicht während der Zubereitung handhaben und auch anschließend servieren.

Die Vierkantreibe – das praktische Multitool

Die Reibe hilft uns dank ihrer – oh Wunder – vier verschiedenen Seiten, sowohl Käse als auch Gemüse in die richtige Form zu bringen. Die unterschiedlichen Stärken der Reiben geben uns hierbei die nötige Flexibilität und der Gurkenhobel funktioniert auch klasse mit anderem Gemüse wie Karotten oder Zucchini. Das Geriebene kannst Du entweder praktisch in der Vierkantreibe, die während des Reibens bzw. Hobelns auf dem Schneidebrett steht, verwahren, bis es verwendet wird, oder mit der Reibe über dem Topf direkt zu den anderen Zutaten geben. Kein weiteres Besteck oder Geschirr nötig!

Der Messbecher – gut Maß nehmen

Sehr wichtig, um die Nudeln auf den Punkt zu kochen, ist die richtige Menge Flüssigkeit in der One Pot Pasta. In den meisten Rezepten handelt es sich hierbei um ungefähr einen Liter, manchmal ist aber auch mehr Wasser erforderlich. Ich empfehle

Dir, einen zwei Liter fassenden Messbecher heranzuziehen, um für alle Fälle gerüstet zu sein. Ob aus Plastik oder aus Glas ist dabei eigentlich egal. Meine persönliche Präferenz ist immer Glas, weil es angenehmer zu spülen ist und auch auf Dauer weder Geschmack noch Schadstoffe abgibt.

Das perfekte Timing

Alles zu seiner Zeit. Das Timing spielt natürlich beim Verdampfen des Wassers eine große Rolle, aber vor allem auch beim Zeitpunkt der Zugabe der frischen Zutaten in den Kochtopf. Ich persönlich ziehe nur selten die durchaus populäre Technik heran, alle Zutaten zu Beginn in den Topf zu geben, da ich gerne Zwiebeln, Gemüse oder Fleisch vorher andünste oder anbrate. Dadurch entfalten sich ganz andere und intensivere Aromen, als wenn man jegliche Zutaten "nur" in Wasser kocht.

Allerdings wird es mit der One Pot Technik an einem bestimmten Punkt unverzichtbar, alles gemeinsam im Wasser kochen, und genau das macht das Timing so knifflig. Sind beispielsweise die Karotten schon weich gegart beim Anbraten, werden sie im kochenden Wasser zergehen. Die Frage, die Du Dir stellen musst, ist: "Was möchte ich wie weich haben?" Gemessen am Biss des frischen Produkts gilt logischerweise, je länger erhitzt, desto weicher. Daher kommen bei mir immer Karotten zuerst und Paprika zuletzt, damit das Wurzelgemüse zwar noch Biss hat, aber nicht mehr knackig ist und die Schotenstücke hingegen weich, aber noch bissfest sind.

Deine Präferenz kann natürlich von meiner abweichen. Daher empfehle ich Dir, nach ersten Erfahrungen mit meinen Grundrezepten nach Deinem Belieben einfach zu experimentieren.

Die richtige Nudel

Trotz ihrer unterschiedlichen Formen, sind Nudeln doch immer das Gleiche, oder? Falsch gedacht! Damit Du zu der richtigen Nudelsorte greifst, erkläre ich Dir hier, welche Faktoren eine Rolle spielen. Zunächst eine allgemeingültige Regel: Glutenfreie Nudeln geben keine Stärke ab und funktionieren daher für die meisten Rezepte nicht. Ohne die Stärke, die beim Verkochen des Wassers von Weizennudeln abgegeben wird, bindet sich die Flüssigkeit nicht zur gewünschten Soße. Das Gericht wird wässrig und die Zutaten bleiben nicht wie gewünscht an der Nudel.

Ansonsten verhält sich jede Nudelsorte unterschiedlich zum Rest der Zutaten. Nudeln mit Hohlräumen tragen mehr Soße, Nudeln mit Rillen binden mehr Flüssigkeit. Aber auch sonst gibt es für das Gesamtprodukt einiges zu beachten, wenn es um die richtige Nudel geht. Daher stelle ich Dir nun detailliert die wichtigsten Sorten und ihre Vorzüge vor.

Pasta Know-How

Wenn es um Nudeln geht, denkt jeder sofort an Italien und seine größten Gaumenfreuden. Im Land von "cibo e vino" spielt das Kochen und vor allem das gemeinsame Genießen von gutem Essen eine besondere Rolle. Ich lernte bei meinen unzähligen Reisen in den sonnigen Süden sehr zu schätzen, wie feierlich und vor allem ausgiebig an jedem Tag der Woche ein gemeinsames Abendessen zelebriert werden kann. Dabei darf natürlich das Markenzeichen, die Pasta, nie fehlen. Oder um einen Werbespruch der bekanntesten Nudelmarke Italiens frei zu übersetzen: Zu Hause ist, wo es Nudeln gibt. Ich bin fest davon überzeugt, dass bei uns zu Hause in der Speisekammer immer, wirklich immer mindestens eine Packung Nudeln im Schrank steht.

Es wird behauptet, dass es Pasta schon seit ungefähr 7.000 Jahren gibt. Es handelt sich aber um viele Spekulationen und wenig tatsächliche Beweise. Es ist dennoch zu vermuten, dass um die Zeit der Entdeckung des Getreides, als der Ackerbau begonnen wurde und der Mensch immer besser mit dem Korn umzugehen wusste, auch der Ursprung dieser Gerichte liegt. Aus Erzählungen von den Römern weiß man, dass sie sogenannte "Lagana" aßen, deren wesentlicher Bestandteil dünne Teigplatten aus Mehl und Wasser waren. Das muss wohl der Ursprung der Lasagne gewesen sein und damit wahrscheinlich auch der erste Pastateig auf dem Boden des heutigen Italiens. Der Mythos, der Chinareisende Marco Polo hätte Spaghetti aus Fernost nach Italien gebracht, wurde von Schriftstücken aus der Zeit vor Marco Polo widerlegt. Sie deuten darauf hin, dass es höchstwahrscheinlich arabische Völker waren, die um das Jahr 1000 herum erste Formen von Nudeln nach Sizilien brachten. Den Bewohnern der süditalienischen Insel hat es offenbar geschmeckt, also fingen sie an, selbst Pasta zuzubereiten und weiterzuentwickeln.

Diese lange Pastatradition in Italien hat mit der Zeit viele verschiedene Pastasorten und -gerichte hervorgebracht. Mit dieser Erfahrung entwickelte sich natürlich auch ein riesen Stück Expertise auf Seiten der Italiener. Du hast sicherlich gemerkt, dass ich große Stücke auf die italienische Kochkunst halte. Ich vertraue italienischen Methoden und Rezepten blind – nicht nur in der Pastaküche – und orientiere mich deshalb auch an die dortige Machart.

Beim Blick ins übliche Supermarktregal lässt sich leicht feststellen: Nudeln sind nicht gleich Nudeln. Die Auswahl scheint schier unendlich, wobei Pasta doch fast immer aus denselben Zutaten besteht. Doch die Unterschiede sind merklich. Neben Form, Farbe und Dicke hat jede Nudelsorte ihren eigenen Charakter, der in bestimmten Situationen am besten zur Geltung kommt. Daher möchte ich Dir die meines Erachtens wichtigsten Nudelsorten vorstellen.

Selbstverständlich ist die Nudellandkarte noch viel viel größer, vor allem, weil im Prinzip jede Region in Italien ihre eigene Variation der verschiedenen Typen hat. Hast Du Lust, noch mehr Nudelsorten kennenzulernen, dann suche Dir irgendeinen Fleck in Italien aus und bereise ihn. Ich bin mir sicher, Du findest eine neue Nudelkreation, von der Du vorher noch nie gehört hast!

In ausgewählten Geschäften, beispielsweise beim italienischen Feinkostladen, findet man viele Nudelsorten frisch. Eine deliziöse und verführerische Kost! An sich super lecker, jedoch ist für die Rezepte in diesem Buch die getrocknete Variante vorgesehen. Frische Nudeln brauchen eine wesentlich kürzere Garzeit und würden in unseren Rezepten verkochen. Die folgende Auswahl beschränkt sich daher auf die Nudelsorten, die ich in den Rezepten empfehle und die normalerweise in 500 Gramm Portionen im Supermarktregal zu finden sind. Ich benenne die Nudeln nachfolgend mit ihren italienischen Namen, da sie so meistens auch auf der Packung bezeichnet werden.

Spaghetti

Die Verniedlichung vom italienischen "spago" = Schnur. Die klassischen dünnen "Schnürchennudeln" sind 25 cm lang und werden traditionell durch den entsprechenden Aufsatz der Nudelmaschine gedreht. Variationen sind Spaghettini (auch Capellini, also Härchen), die noch dünner als die klassischen Spaghetti sind, und ihr Gegensatz, die dickeren Spaghettoni.

Hiermit handelt es sich wahrscheinlich um die bekannteste Nudel der Welt. Spaghetti passen zu so ziemlich allen Beilagen, zu frischem Gemüse, sämigen Soßen, oder ganz simpel mit Öl, Knoblauch, Käse und Gewürzen. Die wohl gängigste und einfachste Variante mit Tomatensoße passt so wunderbar, weil sich die Soße so gut an die Pasta hängt. Und ich ahne, auf welches Gericht Du schon förmlich wartest, unverzichtbar wenn es um Spaghetti geht, richtig? Klar, Spaghetti Bolognese! Jetzt habe ich erstaunliche Neuigkeiten für Dich! Bitte verzeih mir, wenn ich an Deinem Spaghetti-Weltbild rüttele… Aber Du liest ja dieses Buch, weil Du Pasta-Profi werden willst, oder? Also, halt Dich gut fest. Bereit? Okay.

"Spaghetti Bolognese" gibt es nicht, weder in Bologna noch im Rest Italiens. Dieses Gericht ist in Bella Italia als

Touristengericht, sogar als ausländische Sünde verschrien und wird buchstäblich nirgends in dieser Form zu finden sein. Seltsam, oder? Es ist wohl das größte Missverständnis der internationalen Küche. Irgendwer muss wohl außerhalb Italiens auf die Kombination gekommen sein, und da es Spaghetti sind, gingen alle davon aus, es sei traditionell italienisch. Doch was ist dann die "echte" italienische Art? Eine Reise nach Bologna, aus der die "Bolognese" stammt, gibt Aufklärung. Das traditionelle Pastagericht, das der Spaghetti Bolognese am ähnlichsten ist, kommt aus Bologna und nennt sich Tagliatelle al Ragù, wörtlich "Bandnudeln mit Soße". Und so, wie es dort serviert wird, ergibt die Kombination auch viel mehr Sinn als mit Spaghetti. Zum Ragù später mehr, lernen wir erst einmal die entsprechende Nudel kennen.

Tagliatelle

Aus dem italienischen "tagliare" = schneiden. Die handgemachte Variante wird hergestellt mit einer langen Bahn dünn ausgerolltem Nudelteig, die mehrmals in der Breite aufeinander gefaltet und anschließend der Länge nach in feine Streifen geschnitten wird. So entstehen mehrere lange Streifennudeln, die mit der Hand aufgelockert, zu kleinen Nestern geformt und dann getrocknet werden.

Die Bandnudel ist ein Klassiker und erfreut sich nicht nur daher großer Beliebtheit. Dank ihrer Breite bindet sie sehr viel Flüssigkeit aus der Soße am Teig und hält beim Einrollen vor allem alle anderen Zutaten auf der Gabel, beispielsweise die gewürfelten Karotten und das Hackfleisch aus dem Ragù. Daher werden Tagliatelle meist mit stückigen Soßen serviert.

In Italien wird am häufigsten der Begriff Tagliatelle verwendet, je nach Region, Größe und Anwendung können sich die Bezeichnungen allerdings auch unterscheiden.

Ein großer Vorteil dieser Sorte ist die einheitliche Teigdicke, sodass die Nudel schön gleichmäßig "al dente" kocht. Doch Vorsicht ist geboten, denn die Tagliatelle verliert schnell an Textur und Geschmack, wenn sie zu lang gekocht wird. Ich empfehle, Dich sehr genau an der kleinsten Garzeit auf der Packung zu orientieren und den Topf lieber zu früh als zu spät von der Hitze zu nehmen. Auch hier gilt: lieber Wasser nachgießen, anstatt zu viel Flüssigkeit zu verwenden.

Tagliatelle findet man überall im Handel in getrockneter Form, meist zu Nestern aufgerollt, um Brüche zu vermeiden. Hörst Du schon viel Rascheln in der Schachtel, wenn Du sie aus dem Regal nimmst, sind sie vermutlich etwas zu Bruch gegangen und Du solltest eine andere Packung wählen.

Linguine

Diese Nudeln mit Ursprung im norditalienischen Genua sind den Spaghetti sehr ähnlich, haben auch die gleiche Länge von 25 cm, aber statt einer Zylinderform haben sie einen abgeflachten Querschnitt. Der Name bedeutet "lange Zungen".

Nicht jeder liebt Linguine. Wegen ihrer glatten Oberfläche sind sie gerne etwas flutschig und passen daher nicht zu allen Rezepten. Sie benötigen ein Bindemittel, das sie etwas "entglättet", zum Beispiel fein gehackte Nüsse oder Pistazien. In der Geburtsstadt Genua wird zu Linguine traditionell Pesto serviert, das durch die Zugabe von Pinienkernen oder Cashews genau die bindenden Eigenschaften aufweist, die die Glätte der Linguine ausgleichen. Hartkäse wie Parmesan binden diese Nudeln auch gut an Soße. Dank der Stärke, die durch die Gartechnik bei One Pot Pasta im Topf bleibt, werden die meisten unserer Soßen sämig genug, sodass die Rezepte auch mit Linguine gelingen. Mir gefällt der Biss dieser flachen, langen Sorte. Daher verwende ich sie auch sehr gerne.

Penne Rigate

Sie sind eine der typischsten Nudeln der italienischen Küche und in ganz Italien, von Norden nach Süden, vertreten. Die "gerillten Stifte" haben aber auch unendlich verschiedene Namen von Region zu Region – so heißen sie manchmal auch spole, mostaccioli, pennoni oder maltagliati. Es gibt sie auch als "Penne lisce", glatt und ohne Rillen.

Penne Rigate tragen dank der doppelten Rillen, die sowohl außen als auch innen vorhanden sind, optimal den Geschmack der Soße. Der relativ dicke Teig macht sie außerdem zum gern gesehenen Gast in der schnellen, ungenauen Küche, da sie in der Garzeit etwas variabler ist und eine Minute länger im Wasser gerne verzeiht, ohne zu verkochen. Bei One Pot Pasta wird die Soße mit Penne leichter sämig, weil dank des hohen Teiganteils auch viel Stärke an den Rest des Gerichts abgegeben wird.

Farfalle

Die "Schmetterlinge" erhalten ihre Form durch das Zusammendrücken der ursprünglich quadratischen Teigstücke. Die bekannteste Variante hat kleine Zacken an den äußeren Enden der Schleifchen, da die Teigstücke mit einem Zickzack-Pastaschneider geschnitten werden. Sie sind aber auch mit glatten Enden zu finden.

Durch ihre einzigartige Form bieten Farfalle dem Feinschmeckergaumen verschiedenste Bissstärken in nur einer Nudel. Bei optimaler Garzeit werden die kleinen Zacken am weichsten, die großen Flächen bieten viel Teigfläche und die enge, zusammengedrückte Mitte bietet einen bissigen Kern. Sie ist von sich aus schon so interessant, dass es zu ihrer Veredelung gar nicht viel braucht. Schon mit einfachen Soßen und Beilagen ist diese Nudel garantiert ein Hit. Einzig für Gerichte, die stark auf den Geschmack des Sugos bauen, ist diese Nudel nur zweite Wahl, da sie sehr wenig Flüssigkeit tragen kann.

Orecchiette

Die "Öhrchen" stammen aus der süditalienischen Region Apuliens. Dort wurden sie früher einzeln von Hand gefertigt und jeweils einzeln mit dem Daumen auf dem Nudelbrett in Form gebracht.

Auch diese Sorte ist leicht auf den Punkt zu garen, um das perfekte "al dente"-Ergebnis zu erzielen. Ihre kleinen Hohlräume laden Beilagen buchstäblich dazu ein, es sich darin gemütlich zu machen. Sie passen am besten zu klein geschnittenem, frischem Gemüse, aber weniger gut zu flüssigeren Beilagen wie Tomatensoße.

Gemelli

Die Form von Gemelli sieht so aus, als wären es zwei umeinandergewickelte Pastastreifen. Daher werden sie "Zwillinge" genannt. Allerdings werden sie nur aus einem Streifen Pastateig hergestellt.

Diese Variante ist erstaunlich vielseitig, weil ihre Form den Geschmack der Soße herrlich auffängt, während gleichzeitig die Bissfestigkeit der Pasta nicht verloren geht. Gemelli können sowohl für raffinierte als auch für einfache Gerichte verwendet werden. Sie sind die perfekte Wahl für einen Pastasalat und können auch mit einer leichten Gemüsesoße oder Soßen auf Basis von Milchprodukten und von Öl kombiniert werden.

Gnocchi

Huch, sind Gnocchi nicht aus Kartoffeln? Ja und Nein. Das italienische Wort "Gnocchi" beschreibt die besondere Form dieser Nudel, die aussieht wie die typischen Kartoffel-Gnocchi, und bedeutet so viel wie "Nocken". Es gibt sie also auch aus Weizen und Wasser.

Diese Pasta hat die optimale Form für dicke, sämige, reichhaltige Soßen. Ihr Teig ist typischerweise etwas dünner, was den Fokus auf die Beilagen lenkt. Dadurch, dass ihre Oberfläche glatt ist, rutschen sie mit flüssigeren Beilagen gerne vom Löffel und eignen sich so nicht für ölbasierte Gerichte.

Conchiglie

Die von ihren Namensgebern, den Muscheln, inspirierte Form kommt meistens in der gerillten Variante, also Conchiglie rigate. Es gibt sie auch in riesig, Conchiglioni genannt, diese Form eignet sich zum Füllen und Überbacken.

Im Inneren dieser Muschelnudeln hält sich sogar die dünnste aller Soßen, was diese Nudeln zu den perfekten Begleitern aller Sugos macht. Die tiefen "Muschelschalen" umschließen förmlich den Geschmack der Beilagen und machen jeden einzelnen Bissen zum vollmundigen Genuss.

Tortiglioni

Die aus Neapel (Napoli) stammenden Tortiglioni ("große Spiralen") werden durch einen entsprechenden Aufsatz an der Nudelmaschine hergestellt und dabei um die eigene Achse gedreht, wodurch die spiralförmigen Rillen entstehen.

Sie inspirierten durch ihre verlockende Form einige der großzügigsten und schmackhaftesten Schlemmergerichte der italienischen Tradition. Tortiglioni harmonisieren am besten mit sämigen und gehaltvollen Fleisch- oder Rahmsoßen mit Pilzen oder in Kombination mit fantasievollen Gemüsevariationen. In der deutsch interpretierten Nudelküche findet man sie oft in Aufläufen, da sich die Soße im Inneren und der geschmolzene Käse in den Rillen sehr wohlfühlen.

Fusilli

Die Wortherkunft ist nicht ganz geklärt, aber es liegt nahe, dass diese spiralförmigen Nudeln ihren Namen von der Spindel, italienisch "fuso", bekamen. Die am meisten verbreitete Theorie hinter ihrer Entstehung ist, dass man Spaghetti in Süditalien an einer Stricknadel aufrollte und so spiralförmige Nudeln entstanden.

In ihren Rillen können die Spiralnudeln viel Sugo aufnehmen, deshalb eignen sie sich gut für reiche Soßen, sowohl mit Fleisch- als auch Gemüsebestandteilen. Durch ihren bissigen Kern ist sie leicht auf der Gabel aufzuspießen und passt deshalb auch optimal zu Geschnetzeltem, Garnelen oder in Nudelsalate.

Tortelloni

Die große Variante der emilianischen "Törtchen", die in und um Bologna ihren Ursprung haben. Sie gibt es in verschiedenen Varianten mit Fleisch- und Käsefüllungen. Ihre unverkennbare Form erhalten sie, indem die Füllung in die Mitte eines Nudelteig-Quadrates gelegt und eine Ecke diagonal auf die andere gefaltet wird, sodass ein Dreieck entsteht. Dieses Dreieck wird über die entstandene Spitze gerollt und die offenen Enden dann miteinander verschlossen.

Diese geniale, einzigartige Kreation ist meiner Meinung nach die beste und vielfältigste Nudelsorte, die es gibt. Nicht nur durch ihre verschiedenen typischen Füllungen und die unendlichen Möglichkeiten, sie selbst zu befüllen, sondern auch durch die ungleichmäßige Teigstruktur bieten Tortelloni einen unvergleichlichen Gaumenschmaus. Daher können sie sogar mit den wenigsten Beilagen wie Butter und Käse schon ein vollwertiges, geschmackvolles Gericht bieten. In Kreationen mit Soßen spielen sie definitiv eine tragende Rolle für den Geschmack der Gesamtkreation.

Wow. Das sind ganz schon viele Sorten, die sich die Italiener da haben einfallen lassen, oder? Und dabei waren das nur die bekanntesten Pastasorten und somit nur ein Bruchteil von dem, was es alles gibt. Nun, da Du theoretischer Pasta-Spezialist bist, lass uns endlich mit dem Kochen loslegen!

Ran an den Herd!

Alle Rezepte in diesem Buch habe ich auf Basis einer in deutschen Supermärkten üblichen Packung Nudeln, also 500 Gramm, konzipiert. Je nach Größe des Hungers Deiner Tischgäste ergibt das bis zu vier Portionen. Bitte beachte, dass die weiteren Zutaten natürlich viel Einfluss darauf haben, wie satt man wird. Bei Rezepten mit Fleisch und Fisch kannst Du davon ausgehen, dass sie sehr ergiebig sind. Ich erinnere mich, dass ich während des Studiums mit den Mengen für das Rezept Penne mit Pute und Pilzen mich und meine damaligen Mitbewohner, also insgesamt drei hungrige Jungs nach dem Sport, pappsatt bekommen habe. Die Salbei-Knoblauch Tortelloni esse ich aber auch gerne mal mit meiner Frau zu zweit auf.

Ich gebe grundsätzlich keine Angabe für die Garzeit der Nudeln an, da sie, wie schon erwähnt, je nach Hersteller variieren kann. Orientiere Dich einfach immer vorsichtshalber an der kürzesten Zeit, die auf der Packung steht und koche die Nudeln so, wie Du sie am liebsten isst. Und denke immer an die Regel: lieber etwas Wasser nachgießen, anstatt zu viel zu verwenden.

Einsteiger-Rezepte

Beginnen wir mit der einfachsten Methode, die allerdings gutes Geschick beim Wasser abgießen mit dem Topfdeckel benötigt. Im Zweifel tut's auch ein Nudelsieb, falls zur Hand, aber bedenke, dass Du das dann auch spülen musst. In den ersten beiden Rezepten kochst Du erst die Nudeln al dente und fügst dann die Beilage hinzu. Das gilt schon fast als One-Pot-Cheating – aber hey, wir verwenden nur einen Topf!

Spaghetti Cacio e Pepe

Fast Spaghetti mit Nix, nur wirklich lecker! Bei diesem italienischen Klassiker erstaunt mich jedes Mal, was nur zwei Hauptzutaten an Geschmack erzeugen können. Etwas abgeschöpftes, heißes Nudelwasser verwandelt dank der von den Nudeln abgegebenen Stärke den geriebenen Hartkäse zur cremigen Soße.

Tipp: Verwende beim Nudelnkochen möglichst wenig Wasser, damit der Stärkegehalt im Wasser so hoch wie möglich ist.

Zutaten:

- 500 g Spaghetti
- Max. 2l Wasser
- 150 g grob geriebener italienischer Hartkäse, bestenfalls Pecorino Romano
- Salz, Pfeffer

Zubereitung:

1. Die Spaghetti nach Packungsanweisung in gut gesalzenem Wasser "al dente" kochen. Dabei so wenig Wasser wie möglich verwenden, ca. 1,5 bis 2 Liter, je nach

Topfdurchmesser, damit der Stärkegehalt im Wasser möglichst hoch wird.

2. Nach der Garzeit eine halbe Tasse (ca. 100 ml) vom Nudelwasser abschöpfen, den Rest abgießen. Wenn keine Tasse zur Hand, einfach beim Abgießen darauf achten, dass 1cm Wasser im Topf bleibt.
3. Den geriebenen Käse unter die Nudeln heben, das abgeschöpfte Nudelwasser hinzugeben und kräftig rühren. Das Wasser muss noch heiß sein, damit der Käse schmilzt und sich cremig an die Nudeln schmiegt.
4. Servieren und mit frischem Pfeffer garnieren.

Salbei-Knoblauch Tortelloni

Da die Füllung der Tortelloni schon viel Geschmack bringt, runden Salbei und Knoblauch die Nudeln in dieser simplen Variante unfassbar gut ab. Mir persönlich schmeckt die Ricotta– Spinat Füllung hier am besten.

Tipp: Aufpassen beim Umrühren, dass die Nudeln nicht kaputt gehen. Dieses Rezept funktioniert auch mit anderer gefüllter Pasta, wie zum Beispiel Ravioli. Die Nudeln müssen frisch, also aus dem Kühlregal sein.

Zutaten:

- 500 g frische Tortelloni (beliebige Füllung)
- 2 Zehen Knoblauch
- 75 g Butter oder Margarine
- 3 Stängel Salbei (gewaschen)
- 6 EL geriebener Parmesan
- Salz, Pfeffer

Zubereitung:

1. 1l Wasser zum Kochen bringen und salzen.
2. Die Herdplatte ausstellen, die Tortelloni in das Wasser geben und 2 Minuten ziehen lassen.

3. Den Herd wieder auf mittelhoher Stufe stellen und das Nudelwasser mithilfe des Topfdeckels oder durch ein Sieb abgießen.
4. Die Butter und die ganzen Salbeizweige zu den Nudeln in den Topf geben, die Butter schmelzen lassen und erst dann wieder auf den Herd stellen.
5. Unter ständigem, sehr vorsichtigem Rühren die Nudeln in der zerlassenen Butter wenden und dabei aufpassen, dass es nicht zu heiß ist und die Nudeln nicht anbrennen.
6. Nach ca. drei Minuten vom Herd nehmen, 4 EL geriebenen Parmesan hinzugeben und nochmals umrühren, sodass der Käse an den Nudeln leicht schmilzt.
7. Beim Servieren die Salbeizweige entfernen, mit dem restlichen Parmesan bestreuen und mit etwas Pfeffer garnieren.

One Pot Basics

Nun beginnen wir damit, das Abgießen des Nudelwassers zu umgehen, indem wir genau die richtige, geringe Menge Wasser verwenden, die beim Kochen verdampft und von den Nudeln aufgenommen wird. Alle Hauptzutaten kommen gleichzeitig in den Topf, kochen gemeinsam vor sich hin und voilà – ein super schnelles Abendessen steht auf dem TIsch. Ich frage mich, warum diese Technik nicht schon vor mehreren Jahrzehnten so entdeckt wurde. Der Gedanke liegt doch eigentlich nahe, oder? Und das Beste ist, dass die dabei entstehende Soße auch noch von der Stärke der Nudeln profitiert und sämiger wird. Ach, und Wasser sparen wir auch dabei. Genial, findest Du nicht?

Penne mit frischen Kirschtomaten und Basilikum

Das einfachste Rezept ist die Verdampf-Methode. Faszinierend, wie die Tomaten mit dem Nudelwasser zur cremigen Soße werden. Dieser Effekt wird Dir ab sofort noch öfter begegnen.

Tipp: Ein paar frische Kirschtomaten beiseite zu lassen und erst beim Servieren hinzuzugeben sorgt für ein wenig mehr Biss. Bedenke, dass die Tomaten je größer, desto mehr Wasser abgeben und Deine Zugabe von

Wasser gegebenenfalls etwas geringer ausfallen sollte.

Das Gericht gelingt auch mit Spaghetti.

Zutaten:

- 500 g Penne
- 1l Wasser
- 200 g Kirschtomaten
- 2 Bund Basilikum
- 2 EL Olivenöl
- Salz, Pfeffer

Zubereitung:

1. Das Basilikum waschen, trockenschütteln und die Blätter von den Zweigen entfernen.
2. Die Hälfte der Blätter mit dem Messer fein hacken, den Rest zum Garnieren beiseitestellen.
3. Die Kirschtomaten waschen und halbieren.
4. Alle Zutaten und 1 EL Salz in den Topf geben und kochen.
5. Unter stetigem Rühren kochen, bis das Wasser verdampft ist.
6. Mit Salz und Pfeffer abschmecken und mit frischen Basilikumblättern servieren.

Linguine mit Paprika und getrockneten Tomaten

Cremiges Soulfood mit Zutaten, die im Vorratsschrank zu finden sind. Ideal für Tage, an denen mal kein frisches Gemüse im Haus ist. Das frische Basilikum lässt sich auch durch getrockneten ersetzen.

Tipp: Das Gericht schmeckt auch, wenn nur eine der beiden eingelegten Gemüsesorten verwendet wird.

Zutaten:

- 500 g Linguine
- 1l Wasser
- 200 g geröstete Paprika aus dem Glas
- 200 g getrocknete Tomaten aus dem Glas
- 100 g Weichkäse, z.B. Brie
- 50 g geriebener Parmesan
- 2 Zehen Knoblauch
- 2 EL Öl aus dem Glas der Tomaten
- 2 Zweige frischer Basilikum
- Chiliflocken
- Salz, Pfeffer

__Zubereitung:__

1. Die Paprika und Tomaten aus dem Öl nehmen, abtropfen lassen und in feine Streifen schneiden.
2. Den Knoblauch schälen und fein würfeln.
3. Das Basilikum waschen, die Blätter von den Stielen zupfen und fein hacken.
4. Alle Zutaten, außer den Käse, in den Topf geben, aufkochen lassen und bei mittelhoher Hitze bei offenem Deckel und unter ständigem Rühren kochen, bis die Nudeln gar sind.
5. In der Zwischenzeit den Weichkäse von der Rinde befreien und in 1 cm große Stücke schneiden.
6. Den Topf von der Platte nehmen und die Käsestücke unterrühren, bis der Käse geschmolzen und zu einer cremigen Soße wurde. Sollte das Ganze noch etwas Flüssigkeit vertragen, entweder einen Schuss Milch oder Wasser hinzufügen, bis die gewünschte Konsistenz erreicht ist.
7. Mit Salz und Pfeffer abschmecken und mit frisch geriebenem Parmesan servieren.

Rezepte für Fortgeschrittene

Nun geht es langsam ans Eingemachte. Die One Pot Pasta kann noch so viel mehr, wenn man ein wenig mehr Zeit und Mühe hineinsteckt und die Zutaten nicht einfach alle gleichzeitig kocht, sondern Fleisch und Gemüse noch entsprechend "vorbehandelt". Die Nudeln und das Wasser kommen erst etwas später hinzu, sodass die Beilagen vorher ihren eigenen Geschmack entfalten können. So entsteht ein rundes Gericht mit einer Vielfalt an Nuancen in Konsistenz und Geschmack.

Tortelloni mit Schinken-Sahne-Soße

Natürlich darf das Lieblingsgericht aus meiner Kindheit nicht fehlen! Dieses Rezept ist ein ideales Beispiel dafür, wie sehr Tortelloni zum Gesamtprodukt beitragen. Es ist dank der geschmackvollen Käsefüllung kein weiterer Käse notwendig. Jeder Biss auf jede gefüllte Nudel bietet uns den Überraschungsmoment, wenn der Käse aus dem Teig heraus in unseren Gaumen schmilzt. Dieses Rezept bietet gleichzeitig eine gute Orientierung für das One Pot Kochen ohne Abgießen mit frischer Pasta.

Tipp: Zwischen qualitativ hochwertigem Schinken vom Metzger oder der Frischetheke zum abgepackten Kochschinken aus dem Kühlregal liegen geschmacklich Welten. Verwende den besten, den Du finden kannst.

__Zutaten:__

- 500 g frische Tortelloni (mit Käsefüllung)
- 200 ml Gemüsebrühe
- 250 g gekochter Schinken in Scheiben
- 250 g tiefgekühlte Erbsen
- 1 Zwiebel
- 200 ml Sahne
- 2 EL Olivenöl
- ½ TL Geriebene Muskatnuss
- Italienische Kräutermischung
- Salz, Pfeffer

__Zubereitung:__

1. Die Zwiebel schälen und fein würfeln.
2. Den Schinken in 1 x 1 cm große Quadrate schneiden.
3. Das Öl im Topf auf mittelhoher Stufe erhitzen und die Zwiebeln und den Schinken darin anbraten, bis sich etwas Flüssigkeit gebildet hat. Mit den italienischen Kräutern würzen.
4. Die gefrorenen Erbsen dazugeben, mit der Gemüsebrühe ablöschen und umrühren.

5. Die Sahne, die geriebene Muskatnuss und die Tortelloni hinzugeben und köcheln lassen, bis die Soße cremig und die Nudeln gar sind.
6. Mit Salz abschmecken, servieren und mit frischem Pfeffer garnieren.

Orecchiette mit Frühlingsgemüse

Ein fantastisch frisches, leichtes Gericht mit verschiedenem Biss im saisonalen Gemüse. Die örchenförmigen Nudeln tragen das Gemüse wunderbar in ihren Rundungen, während sich gleichzeitig der schmelzende Parmesan an sie schmiegt.

Tipp: Gelingt auch mit einzelnen Kräutern wie Oregano oder Majoran. Das Gemüse nimmt am meisten Geschmack an, wenn es beim Anbraten mit Salz und Kräutern gewürzt wird.

Zutaten:

- 500 g Orecchiette
- 1l Wasser
- 2 mittelgroße Bio-Karotten
- 1 Bund Frühlingszwiebeln
- 1 rote Paprika
- 150 g geriebener Parmesan
- 4 EL Olivenöl
- Italienische Kräutermischung
- Salz, Pfeffer

Zubereitung:

1. Die Karotten am unteren Ende schräg anschneiden und mit der Vierkantreibe in Scheiben hobeln.
2. Die Frühlingszwiebel in feine Ringe schneiden.
3. Die Paprika entkernen, die weißen Trennwände entfernen und in ca 0,5 cm große Stücke würfeln.
4. Das Olivenöl in den Topf geben und auf mittlerer Stufe warm werden lassen.
5. Die Frühlingszwiebeln darin kurz andünsten, dann die Karotten hinzugeben und mit etwas Salz und den Kräutern bestreuen.
6. Unter stetigem Rühren andünsten, bis sich etwas Flüssigkeit am Boden des Topfes bildet.
7. Die Paprika zum restlichen Gemüse geben und alles miteinander vermengen.
8. Die Hitze erhöhen, die Orecchiette, das Wasser und einen Esslöffel Salz hinzugeben und alles gut verrühren.
9. Unter stetigem Rühren kochen, bis das Wasser verdampft ist.
10. Den geriebenen Parmesan unterrühren, bis er schmilzt.
11. Mit Salz und Pfeffer abschmecken und servieren.

Conchiglie mit Auberginen

Auberginen sind oft unbeliebt, meines Erachtens aber nur, weil sie in der Zubereitung etwas Aufmerksamkeit brauchen, damit sie lecker werden. Durch das Einlegen in Salz und anschließende Anbraten entwickeln sie einen super Eigengeschmack. Überzeuge Dich selbst!

Tipp: Anstatt der passierten Tomaten kann auch Deine liebste fertige Tomatensoße verwendet werden, was der Soße etwas mehr eigenen Charakter gibt.

Zutaten:

- 500 g Conchiglie
- 600 ml Wasser
- 1 mittelgroße Aubergine
- 200 g Champignons
- 2 Knoblauchzehen
- 400 ml passierte Tomaten
- 2 EL Olivenöl
- Paprikapulver
- 2 Zweige frischer Basilikum
- Salz, Pfeffer

Zubereitung:

1. Die Auberginen waschen, die Enden entfernen und erst längs in Scheiben, dann in kleine, mundgerechte Würfel schneiden.
2. In den Topf geben, großzügig mit Salz bestreuen und im Topf ziehen lassen.
3. Währenddessen den Knoblauch schälen und klein schneiden.
4. Die Pilze putzen in feine Scheiben schneiden.
5. Das Basilikum waschen, von den Stielen zupfen und klein hacken.
6. Nach 20 bis 30 Minuten das im Topf von den Auberginen gebildete Wasser abgießen.
7. Das Olivenöl in den Topf mit den Auberginen geben und bei mittlerer Hitze andünsten.
8. 5 Minuten anbraten oder bis die Aubgergine eine goldbraune Farbe erreicht hat, dann die Pilze hinzufügen und weitere 2 Minuten kochen lassen.
9. Die Nudeln, das Wasser, die passierten Tomaten, das Basilikum und das Paprikapulver darüber geben.
10. Alles aufkochen lassen und bei mittlerer Hitze und stetigem Rühren kochen, bis die Nudeln al dente gekocht sind.
11. Mit Salz und Pfeffer abschmecken und servieren.

Tortiglioni mit Salsiccia und Spinat

Die scharf gewürzten Wurststückchen geben diesem Gericht den extra Twist.

Tipp: Wenn es mal nicht scharf sein soll, funktioniert das Rezept auch mit Ringsalami.

Zutaten:

- 500 g Tortigioni
- 400 ml Wasser
- 300 g Salsiccia
- 250 g frischer Babyspinat
- 400 g gehackte Tomaten
- 100 ml Weißwein
- 100 ml Milch
- 150 g geriebenen Parmesan
- 2 EL Olivenöl
- 1 Zehe Knoblauch
- Chiliflocken
- Oregano
- Salz, Pfeffer

Zubereitung:

1. Die Salsiccia in mundgerechte Stücke schneiden.
2. Den Knoblauch schälen und fein würfeln.
3. Das Olivenöl im Topf auf mittelhoher Stufe erhitzen.
4. Die Salsicciawürfel darin scharf anbraten und mit dem Oregano würzen. Nach 2 Minuten den Knoblauch hinzugeben.
5. In der Zwischenzeit den Spinat grob hacken.
6. Die Salsicciawürfel und den Knoblauch nach insgesamt 5 Minuten mit dem Weißwein ablöschen.
7. Den Wein aufkochen lassen und eine Minute verkochen.
8. Die restlichen Zutaten in den Topf geben und gut verrühren.
9. Bei hoher Hitze kochen, bis die Nudeln gar sind und die Soße sämig ist.
10. Mit Salz und Pfeffer abschmecken und servieren.

Pasta e Patate

Um "Nudeln und Kartoffeln" nach neapolitanischer Art zu verstehen, muss man sie erst gegessen haben. Ein Gericht, das seltsam klingt, aber unglaublich viel zu bieten hat. Es gibt Dir bestmöglichen Vorrat für kalte Wintertage. Dieses Rezept bietet die ideale Verwendung des harten Randes von Parmesankäse, der sonst leider oft ungenutzt im Müll landet.

Tipp: Jede kurze Nudelsorte ist geeignet. Und da es ein großes Allerlei ist, kann man auch mehrere Sorten mischen.

Zutaten:

- 500 g beliebige, kurze Nudeln
- 750 g Kartoffeln
- 1l Wasser
- 2 Stangen Sellerie
- 2 mittelgroße Bio– Karotten
- 1 Zwiebel
- 1 EL Tomatenmark
- 1 Zweig Rosmarin
- 1 Rand vom Parmesankäse
- 2 EL Olivenöl und mehr nach Belieben
- Salz, Pfeffer

Zubereitung:

1. Sellerie, Karotten und Zwiebeln in feine Würfel schneiden.
2. Die Kartoffeln waschen und in ungleichmäßig große Stücke zwischen 2 und 4 cm schneiden.
3. Den Topf und mit dem Öl auf mittlerer Stufe erhitzen.
4. Die Zwiebel, die Karotten und den Sellerie hinzugeben.
5. Nach einigen Minuten die Kartoffeln und einen Schuss Wasser hinzufügen und unter gelegentlichem Rühren 5 Minuten ziehen lassen.
6. In der Zwischenzeit den Parmesanrand heiß waschen und den äußeren Rand abreiben.
7. Den Rosmarin und den Parmesanrand zum Topf hinzufügen.
8. Das Tomatenmark gründlich unterrühren.
9. 600 ml heißes Wasser zugeben, salzen und frischen Pfeffer hinein mahlen.
10. Mit dem Deckel abdecken und 30 Minuten bei schwacher Hitze kochen lassen. Wenn nötig, etwas mehr Wasser hinzufügen.
11. Sobald die Kartoffeln weichgekocht sind, einen Teil von ihnen mit der Rückseite der Spaghettizange zerdrücken.
12. Die Nudeln und weitere 250 ml heißes Wasser in den Topf geben und alles zum Kochen bringen.
13. Unter gelegentlichem Rühren kochen. Bei Bedarf mehr Wasser hinzufügen.
14. Mit Salz abschmecken und mit einem Schuss Olivenöl servieren.

Gemelli mit grünem Spargel und Parmesan

Knackige Frühlingsgrüße aus der One Pot Küche! Wer bisher noch ratlos vor grünem Spargel grübelte, was er damit kochen soll, wird nun sofort an die nächsten beiden Gerichte denken! Die Nudeln und der Spargel ergänzen sich in ihrer Bissfestigkeit wunderbar, der Weißwein setzt dem ganzen die Krone auf.

Tipp: Wenn Du Spargel lieber schälst: Spargelschalen können mit Salz und Öl zur Spargelbrühe ausgekocht und entweder als Ersatz für das Wasser in diesem Rezept oder als Suppe verwendet werden.

Zutaten:

- 500 g Gemelli
- 500 g grüner Spargel
- 200 ml Sahne
- 700 ml Wasser
- 100 ml Weißwein
- 2 EL Ölivenöl
- 1 EL Schnittlauch (getrocknet oder frisch)
- 150 g geriebener Parmesan
- Salz, Pfeffer

Zubereitung:

1. Den Spargel waschen und diagonal in 1 cm dicke Stücke schneiden.
2. Den Spargel im Olivenöl andünsten und mit etwas Salz bestreuen.
3. Nach 2 Minuten mit dem Weißwein ablöschen und das Ganze kurz aufkochen lassen, damit der Alkohol verdampft.
4. Dann die restlichen Zutaten bis auf den Parmesan hinzugeben und kochen, bis die Nudeln gar sind.
5. Den Parmesan im noch heißen Topf unterrühren, sodass er in der cremigen Soße schmilzt.
6. Mit Salz und Pfeffer abschmecken und servieren.

Grün-weiße Frühlingsnudeln

Eine zweite Variante für die Spargelzeit. Die verschiedenen Gemüsesorten ergeben eine breite Geschmackspalette zum knackigen Biss der Linguine.

Tipp: Ein paar frische Kirschtomaten als Garnitur verschönern optisch das Gesamtergebnis. Schmeckt auch toll mit Tagliatelle.

Zutaten:

- 500 g Linguine
- 1 L Gemüsebrühe
- 1 Brokkoli
- 250 g grüner Spargel
- 250 g weiße Champignons
- 1 Zwiebel
- 200 ml Schlagsahne
- 2 EL Olivenöl
- Geriebener Parmesan
- Petersilie
- Salz
- Pfeffer

Zubereitung:

1. Die Zwiebel schälen und würfeln.
2. Den Brokkoli und Spargel gründlich waschen und in mundgerechte Stücke schneiden.
3. Das Olivenöl auf mittlerer Stufe erhitzen, die Zwiebel glasig werden lassen und Brokkoli und Spargel kurz andünsten, salzen, mit der Brühe begießen und die Hitze etwas erhöhen.
4. Währenddessen die Champignons in feine Scheiben schneiden.
5. Nach ca. 5 Minuten die Champignons und die Nudeln hinzugeben und alles köcheln, bis die Nudeln gar sind.
6. Kurz vor Ende der Garzeit die Petersilie, die Sahne und den Parmesan unterrühren.
7. Mit Salz und Pfeffer abschmecken und servieren.

Penne mit Pute und frischen Pilzen

Ein cremiger Genuss für die Herbstzeit. Schmeckt mit jeder Pilzsoße ein bisschen anders, da die Pilze der Soße vorrangig den Geschmack geben.

Tipp: Pilze nicht mit Wasser waschen, sondern trocken putzen, da sie sonst die Flüssigkeit aufsaugen und zu wässrig werden. Funktioniert auch mit Rigatoni.

Zutaten:

- 500 g Penne Rigate
- 500 g Putenbrustfilet
- 300 g Pilze
- 1 Zwiebel
- 500 ml Wasser
- 100 ml Weißwein
- 200 ml Schlagsahne
- 150 g Kräuterfrischkäse
- 2 EL Olivenöl
- Marjoran
- Oregano
- Salz, Pfeffer

Zubereitung:

1. Das Putenbrustfilet in ca. 1 cm dicke Streifen schneiden.
2. Die Pilze trocken putzen und in fingerdicke Würfel oder Scheiben schneiden.
3. Die Zwiebel fein würfeln.
4. Das Olivenöl im Topf auf hoher Stufe erhitzen und die Zwiebeln darin andünsten.
5. Das Putenfleisch zugeben, ca. 3 Minuten scharf anbraten und währenddessen mit Marjoran und etwas Salz würzen.
6. Die Pilze, den Oregano und noch eine Prise Salz unterrühren und nach maximal einer Minute mit dem Weißwein ablöschen.
7. Auf nach wie vor heißer Stufe den Weißwein verkochen lassen, dabei immer wieder umrühren.
8. Sobald der Weißwein weitgehend reduziert ist, den Kräuterfrischkäse und die Sahne untermischen, bis der Käse komplett geschmolzen ist.
9. Die Nudeln und das Wasser hinzufügen und je nach Packungsanweisung al dente kochen.
10. Mit Salz und Pfeffer abschmecken und servieren.

Ofentortelloni

Jetzt probieren wir mal was Neues! One Pot Pasta, immer noch in einem Topf, aber diesmal aus dem Ofen. Weil alles mit Käse überbacken unfassbar gut schmeckt.

Tipp: Anstatt Brokkoli kann auch Blumenkohl verwendet werden. Das sieht vielleicht nicht ganz so schön aus, schmeckt aber garantiert.

__Zutaten:__

- 500 g Tortelloni (beliebige Füllung)
- 200 g gekochter Schinken
- 1 Brokkoli
- 1/2 Zwiebel
- 200 ml Schlagsahne
- 400 ml Wasser
- 200 g geriebener Käse, z.B. Mozzarella
- 1 EL Öl
- Italienische Kräutermischung
- Salz, Pfeffer

Zubereitung:

1. Den Backofen auf 230°C Umluft vorheizen.
2. Die Zwiebel und den Schinken in feine Würfel schneiden.
3. Den Brokkoli waschen und die Rosen abschneiden.
4. Das Öl im Topf auf mittelhoher Stufe erhitzen und die Zwiebel darin andünsten.
5. Den Brokkoli zu den Zwiebeln geben, kurz andünsten, leicht salzen und dann mit 200 ml Wasser begießen.
6. Das Ganze mit geschlossenem Deckel ca. 5 Minuten garen lassen, dann den Deckel abnehmen, umrühren und weitere 2 Minuten offen köcheln lassen.
7. Den Schinken, die Tortelloni, das restliche Wasser, die Sahne, eine Hand voll geriebenen Käse und einen Schuss Kräuter hinzugeben und gut umrühren.
8. Aufkochen lassen und unter Rühren so viel Flüssigkeit verdampfen lassen, bis die Soße cremig ist. Mit Salz und Pfeffer abschmecken.
9. Den Topf vom Herd nehmen, den restlichen geriebenen Käse über der Nudelmischung verteilen und den Topf auf den unteren Rost in den vorgeheizten Backofen stellen.
10. Ungefähr 5 Minuten backen, bis der Käse komplett geschmolzen ist und leicht braun wird.

Farfalle mit Zucchini und getrockneten Tomaten

Ein ziemlich schnelles und einfaches Rezept, das dennoch, dank seiner feinen Zutaten, reif für das Restaurant wäre. Die Zucchini und getrockneten Tomaten ergänzen sich perfekt und runden den mediterranen Stil ab, während die Farfalle "al dente" für den nötigen Biss sorgen.

Tipp: "Lieber weniger Wasser, als zu viel zu verwenden ist" in diesem Rezept der besondere Schlüssel zum Erfolg, da die Nudeln perfekt auf den Punkt am besten schmecken.

Zutaten:

- 500 g Farfalle
- 2 Zucchini
- 200 g getrocknete Tomaten mit 1 EL ihres Öls
- 800 ml Wasser
- 1 Schuss Sahne
- 2 Zweige frisches Basilikum
- Salz, Pfeffer

Zubereitung:

1. Zucchini waschen, die Enden entfernen und längs vierteln, dann quer in ca. 1 cm dicke Stücke schneiden.
2. Die getrockneten Tomaten aus dem Öl nehmen und kurz über dem Glas abtropfen lassen, dann in feine Scheiben schneiden.
3. Das Basilikum waschen, trockenschütteln, die Blätter von den Zweigen entfernen und klein hacken.
4. Einen Esslöffel Öl aus dem Glas der getrockneten Tomaten im Kochtopf erhitzen.
5. Die Zucchini und die getrockneten Tomaten bei mittelhoher Hitze kurz darin andünsten.
6. Das Basilikum und 1 TL Salz hinzugeben und das Gemüse eine Minute lang unter ständigem Rühren dünsten.
7. Die Nudeln, das Wasser und 1 TL Salz hinzugeben und bei offenem Topf und mittlerer Hitze solange kochen, bis sie gar ist und eine sämige Soße entstanden ist. Ggf. noch Wasser nachgießen, wenn die Nudeln noch nicht gar sind.
8. Mit einem Schuss Sahne und Pfeffer abschmecken und servieren.

Chili-Gnocchi

Eine nette Variation des Party-Klassikers Chili con Carne, bei dem man sich aber das Weißbrot dank der Nudeln sparen kann. Es hält sich bis zu drei Tage im Kühlschrank und ist damit ein perfektes Gericht zum Vorbereiten. Es schmeckt meiner Meinung nach am zweiten Tag sogar am besten, da der Geschmack sich mit der Zeit besser entfaltet und alles trotzdem noch frisch ist.

Tipp: Zum Aufwärmen am nächsten Tag mit geriebenem Käse bestreuen und im Ofen bei 160°C 20 Minuten backen, um dem Ganzen eine neue Note zu verleihen.

Zutaten:

- 500 g Gnocchi
- 250 g Hackfleisch, gemischt oder vom Rind
- 200 g gehackte Tomaten aus der Dose
- 200 g Kindeybohnen aus der Dose
- 200 ml passierte Tomaten aus der Dose
- 150 g Mais aus der Dose
- 650 ml Wasser
- Kreuzkümmel
- Chiliflocken
- Salz, Pfeffer, Paprikapulver

Zubereitung:

1. Das Hackfleisch im Topf auf mittelhoher Hitze unter ständigem Rühren anbraten, bis es braun wird.
2. Die Flüssigkeit aus den Bohnen- und Maisdosen abgießen. Die Bohnen in der Dose noch mit Wasser ausspülen und nochmals abgießen.
3. Alle Zutaten aus den Dosen über das Fleisch geben, mit dem Wasser aufgießen, die Nudeln und die Gewürze hinzufügen, gründlich miteinander vermischen und kochen, bis die Nudeln weich sind.
4. Mit Salz und Pfeffer abschmecken.

Rezepte zum Beeindrucken

Nun, da Du die Technik der One Pot Pasta beherrschst, können wir das Ganze auf das nächste Level anheben. Diese Gerichte sind weitaus mehr als eine schnelle, praktische Mahlzeit. Mit diesen Rezepten kannst Du Samstagnacht ausgehen und Sonntagmittag trotzdem zum Essen einladen und Deinen Gästen imponieren.

Tagliatelle al Ragù (die echte Art der "Bolognese")

Wie schon im Spaghetti-Kapitel erwähnt, die Soße aus Bologna heißt dort nur Ragù. Sie gilt dort ganz einfach als DIE Soße, eine Marke, bei der jeder weiß, worum es sich dreht. Sie soll traditionell mindestens 2 Stunden köcheln. Wenn Du die Zeit und Geduld dazu hast, empfehle ich Dir, das auch zu tun. Sie schmeckt aber auch mit kürzerer Garzeit gut.

Tipp: Am besten gelingt das Ragù mit 100 % Rind- oder Kalbshackfleisch. Gemischtes Hack mindert die Qualität ein wenig.

Zutaten:

- 500 g Tagliatelle
- 400 g Hackfleisch
- 1 EL Olivenöl
- 150 g Pancetta (Schweinebauchfleisch)
- 1 mittelgroße Karotte
- 1 Stange Sellerie
- 1/2 Zwiebel
- 2 EL Tomatenmark
- 120 ml trockener Rotwein
- 180 ml frische Vollmilch

- 750 ml Wasser
- Marjoran
- Salz, Pfeffer

Zubereitung:

1. Das Gemüse und die Pancetta ganz fein schneiden.
2. Das Öl im Topf auf mittlerer Stufe erhitzen und die Zwiebel glasig andünsten.
3. Die Hälfte des Tomatenmarks hinzugeben und kurz anrösten.
4. Die Pancetta hinzugeben und braten, bis sie fett abgibt.
5. Die Karotte und den Sellerie hinzugeben, mit Salz und Marjoran würzen und alles unter stetigem Rühren dünsten.
6. Nach ca. 2 Minuten das Hackfleisch unterrühren und braten, bis es leicht bräunlich wird.
7. Das restliche Tomatenmark hinzugeben, mit dem Rotwein ablöschen und gut verrühren. Kurz aufkochen lassen, damit der Alkohol verdampft.
8. Die Milch unterrühren und bei niedriger bis mittlerer Hitze 2 Stunden lang leicht köcheln lassen.
9. Die Nudeln und das Wasser hinzugeben, die Hitze erhöhen und unter stetigem Rühren kochen, bis das Wasser verdampft ist und die Nudeln gar sind.
10. Mit Salz und Pfeffer abschmecken und servieren.

Veganes Ragù

Der klassische Sugo aus Bologna lässt sich auch vegan zubereiten und bleibt dabei ziemlich nah am Original. Das Fleisch wird durch braune Linsen ersetzt, die sowohl die Konsistenz als auch die Farbe des Hackfleisches im Gericht ganz gut vertreten. Das einzige, was dann noch variiert werden muss, ist die Kuhmilch, die ich für vegane Varianten grundsätzlich durch Sojamilch austausche.

Tipp: Die braunen Linsen unbedingt gut waschen und abtropfen lassen, sonst wird die Soße matschig.

Zutaten:

- 500 g Bandnudeln ohne Ei
- 250 g braune Linsen
- 1 EL Olivenöl
- 1 mittelgroße Karotte
- 1 Stange Sellerie
- 1/2 Zwiebel
- 2 EL Tomatenmark
- 120 ml trockener Rotwein
- 180 ml Sojamilch
- 1 l Wasser
- Marjoran

- Gemahlener Kreuzkümmel
- Salz, Pfeffer

<u>Zubereitung:</u>

1. Das Gemüse ganz fein schneiden.
2. Das Öl im Topf auf mittlerer Stufe erhitzen und die Zwiebel glasig andünsten.
3. Die Hälfte des Tomatenmarks hinzugeben und kurz anrösten.
4. Die Karotte und den Sellerie hinzugeben, mit Salz und Marjoran würzen und alles unter stetigem Rühren dünsten.
5. Nach ca. 2 Minuten die rohen Linsen hinzufügen.
6. Das restliche Tomatenmark hinzugeben, mit dem Rotwein ablöschen und gut verrühren. Kurz aufkochen lassen, damit der Alkohol verdampft.
7. Die Sojamilch und 300 ml Wasser unterrühren und bei niedriger bis mittlerer Hitze 2 Stunden lang leicht köcheln lassen.
8. Die Nudeln und das restliche Wasser hinzugeben, die Hitze erhöhen und unter stetigem Rühren kochen, bis das Wasser verdampft ist und die Nudeln gar sind.
9. Mit Salz und Pfeffer abschmecken und servieren.

Spinat-Artischocken Tagliatelle

Ein ausgefallenes Gourmetgericht, dem der Feta-Käse den besonderen Kick gibt.

Tipp: Funktioniert auch mit TK-Spargel, der allerdings schon im 6. Schritt hinzugefügt werden muss.

Zutaten:

- 500 g Tagliatelle
- 250 g frischer Babyspinat
- 165 g Artischocken, ganze Herzen
- 100 g Feta
- 2 Zehen Knoblauch
- 1 Zwiebel
- 2 EL Olivenöl
- 1l Gemüsebrühe
- Oregano
- Thymian
- Salz, Pfeffer

Zubereitung:

1. Die Zwiebel und den Knoblauch schälen und fein würfeln.
2. Die Artischocken abgießen und in mundgerechte Stücke schneiden.
3. Die Artischocken, die Zwiebel und den Knoblauch gemeinsam im Olivenöl, maximal zwei Minuten, scharf anbraten.
4. Die Brühe in den Topf geben.
5. Die Tagliatelle und die Gewürze hinzugeben, alles gut verrühren und aufkochen lassen.
6. Die Hitze reduzieren, sodass alles nur noch köchelt. Nun bei mittlerer Hitze und geschlossenem Deckel köcheln lassen. Dabei immer wieder umrühren.
7. Sobald die Pasta "al dente" ist, den frischen Spinat hinzugeben und unterrühren, bis er sich an die anderen Zutaten schmiegt.
8. Den Fetakäse mit den Fingern über den Nudeln zerreiben und unterheben.
9. Mit Salz abschmecken und mit frisch gemahlenem Pfeffer servieren.

Fusilli mit Shrimps und Tomaten

Knackig und Frisch, cremig und leicht scharf.

Tipp: Für den Extra-Crunch die Shrimps zuerst in Butter anbraten und beiseite stellen und anschließend zum Rest geben.

Zutaten:

- 500 g Fusilli
- 750 ml Wasser
- 200 g Kirschtomaten
- 250 g Cocktail-Garnelen aus dem Tiefkühlregal
- 1 Zwiebel
- 2 Knoblauchzehen
- 2 EL Zitronensaft
- 150 g frisch geriebener Parmesan
- 1 EL Olivenöl
- 1 TL Chiliflocken
- Salz
- Pfeffer

Zubereitung:

1. Die Zwiebel schälen und fein würfeln.
2. Den Knoblauch schälen und in grobe Scheiben schneiden.

3. Die Kirschtomaten waschen und halbieren.
4. Das Olivenöl im Topf erhitzen und die Zwiebeln und den Knoblauch darin anschwitzen.
5. Die Tomaten hinzugeben und zwei Minuten mitgaren.
6. Die Shrimps dazugeben, alles mit einer Prise Salz und dem Zitronensaft würzen.
7. Nach drei Minuten das Wasser und die Nudeln hinzugeben und aufkochen lassen. Kochen, bis die Nudeln weich sind und die Soße sämig.
8. Den Parmesan unterrühren, sodass er schmilzt.
9. Mit Salz und Pfeffer abschmecken und mit den Chiliflocken garniert servieren.

Curry-Linguine

Eine samtweiche, asiatische, gemüsegeladene Variante zum Wohlfühlen.

Tipp: Zu Beginn der Zubereitung scharf angebratener Tofu oder Hähnchenfleisch geben noch eine extra Portion Protein dazu.

Zutaten:

- 500 g Linguine
- 300 ml Wasser
- 1 rote Paprika
- 1 gelbe Paprika
- 2 mittelgroße Bio-Karotten
- 1 Zucchini
- 1 Zwiebel
- 2 Zehen Knoblauch
- 800 ml Kokosmilch
- 1 EL Kokosfett
- Currypulver
- Salz, Pfeffer

Zubereitung:

1. Die Zwiebel und den Knoblauch fein würfeln.
2. Die Karotten von den Enden befreien und schräg in ca. 0,5 cm breite Streifen schneiden.
3. Das Kokosfett bei mittlerer Stufe im Topf zergehen lassen.
4. Die Zwiebel, den Knoblauch und die Karotten mit etwas Salz und 2 TL Currypulver bestreuen, umrühren und andünsten.
5. Währenddessen die Paprika und die Zucchini in mundgerechte Stücke schneiden.
6. Nach 5 Minuten Zucchini und Paprika zu den Karotten in den Topf geben, salzen, alles vermengen und eine Minute garen.
7. Die Kokosmilch vor dem Öffnen gut schütteln und dann gemeinsam mit dem Wasser und den Nudeln zum Topf hinzugeben. Alles bei mittelhoher Hitze kochen, bis die Nudeln gar und das Curry schön sämig ist.

Chicken Fajita Tortiglioni

Ausgefallen und von der mexikanischen Küche inspiriert. Die weichen Paprikastreifen verkriechen sich in alle Ecken dieses Gerichts und verleihen ihm eine angenehme Süße.

Tipp: Funktioniert auch mit Tofu anstatt Hähnchenbrust als vegetarische Variante.

Zutaten:

- 500 g Tortiglioni
- 300 g Hähnchenbrustfilet
- 1 rote Paprika
- 1 grüne Paprika
- 1 gelbe Paprika
- 1 Zwiebel
- 750 ml Milch
- 150 g geriebener Käse
- 3 EL Olivenöl
- Chilipulver
- Gemahlener Kreuzkümmel
- Salz, Pfeffer

Zubereitung:

1. Das Fleisch waschen und in fingerdicke Streifen schneiden.
2. Die Zwiebel schälen und in grobe Streifen schneiden.
3. Die Paprikas entkernen und der Länge nach in ca. 1 cm dicke Scheiben schneiden.
4. Das Öl im Topf bei starker Hitze erhitzen.
5. Die Hähchenstreifen darin anbraten, bis es nirgends mehr rosa ist. Nehmen Sie das Huhn heraus.
6. Paprika und Zwiebel hinzufügen, salzen und garen, bis die Zwiebel weich ist.
7. Mit Salz, Pfeffer, Chilipulver und Kreuzkümmel würzen und alles gut vermengen.
8. Milch und Nudeln unter ständigem Rühren hinzufügen, sodass keine Nudeln anhaften.
9. Kochen lassen, bis die Nudeln gekocht sind und die Milch zu einer dicken Sauce geworden ist, die die Nudeln überzieht. Ggf. etwas Wasser nachgießen.
10. Den Käse unterrühren, bis er geschmolzen ist.
11. Heiß und cremig servieren.

Pad Thai

Auch thailändische Aromen können in nur einem Topf ihren Geschmack entfalten. Und das Beste ist, Du kannst jede lange Nudelsorte aus Deinem Vorratsregal dafür verwenden!

Tipp: Ersetze das Fleisch 1:1 mit Tofu und lasse die Fischsoße weg für ein veganes Gericht. Oder mit Shrimps, die Du nicht vorher anbrätst, sondern am Ende hinzugibst.

Zutaten:

- 500 g Spaghetti
- 800 ml Wasser
- 300 g Putenbrustfilet
- 1 Karotte
- 1 rote Paprika
- 4 Frühlingszwiebeln
- 3 Knoblauchzehen
- 2 cm Ingwer
- 75 g Erdnüsse, trocken geröstet
- 1 EL Kokosnussfett
- 1 EL Fischsoße

- 1 EL Sojasoße
- 4 Korianderzweige
- Saft einer Limette
- Salz

Zubereitung:

1. Den Knoblauch und den Ingwer schälen und in feine Scheiben schneiden.
2. Die Karotte in ganz dünne Längsstreifen schneiden.
3. Die Paprika entkernen und in Streifen schneiden.
4. Das Putenfleisch waschen, trocken tupfen und in 1 cm dicke Scheiben schneiden.
5. Den Koriander fein hacken.
6. Das Kokosfett im Topf erhitzen und den Knoblauch und den Ingwer darin andünsten.
7. Die Putenstreifen leicht salzen und scharf anbraten.
8. Sobald das Fleisch hellbraun ist, die Soja- und Fischsoße und das Gemüse hinzugeben und unter ständigem Rühren anbraten.
9. Das Wasser, die Spaghetti und die Hälfte des Korianders hinzugeben, gut vermischen und unter stetigem Rühren kochen lassen, bis die Spaghetti weich sind und das Wasser verkocht ist.
10. In der Zwischenzeit die Erdnüsse hacken.
11. Das Pad Thai mit Salz abschmecken, servieren und mit den Erdnüssen und dem restlichen Koriander garnieren.

Penne Rigate mit Lachs und Mangold

Ein unfassbar leckeres, mediterranes Fischgericht, bei dem Dir keiner glaubt, dass Du das nur in einem Topf gekocht hast.

Tipp: Passt auch einwandfrei zu Tagliatelle.

Zutaten:

- 500 g Penne Rigate
- 400 g Lachs
- 300 g frischer Mangold
- 1 l Gemüsebrühe
- 200 ml Sahne
- 200 ml Weißwein
- 50 g Kräuterfrischkäse
- 2 Zitronen
- 1 Zwiebel
- 3 Zehen Knoblauch
- 2 Zweige Rosmarin
- 1 TL Chiliflocken
- Paprikapulver
- Salz, Pfeffer

Zubereitung:

1. Die Zitronen heiß abwaschen und ca. 1 mm der Schale von einer Zitrone durch die feine Seite der Vierkantreibe reiben. Beide Zitronen mit der Hand in den Topf ausdrücken. Ggf. die Kerne herausfischen.
2. Lachs waschen, trocken tupfen, in Würfel schneiden, auf den Zitronensaft geben, mit Salz, Pfeffer, einer Knoblauchzehe, Olivenöl und Zitronenabrieb vermengen und etwa 15 Minuten im Topf ziehen lassen.
3. Währenddessen die Zwiebeln in feine Würfel schneiden.
4. Rosmarin und restlichen Knoblauch sehr fein hacken.
5. Den Mangold waschen, dickere Stiele entfernen und in dünne Streifen schneiden.
6. Nach 15 Minuten die Herdplatte auf mittelhohe Stufe stellen und den Lachs mit der Marinade ganz kurz anschwitzen.
7. Den Lachs in Alufolie wickeln und beiseite stellen.
8. Die Zwiebeln, den restlichen Knoblauch und die Gewürze im Topf anschwitzen. Nach ca. 5 Minuten mit Weißwein ablöschen.
9. Nudeln, Gemüsebrühe und die restlichen Zutaten, außer dem Lachs, in den Topf geben und gut salzen.
10. Den Deckel auflegen und die Nudeln nach Packungsanweisung kochen.
11. 5 Minuten vor Ende der Garzeit den Lachs mit dem Saft aus der Alufolie dazugeben. Hin und wieder vorsichtig umrühren. Nachher alles auf den Teller geben, mit dem geriebenen Parmesan bestreuen und servieren.

Praxistipps für Deine Küche

Messerkunde

Bitte behalte im Hinterkopf, dass wir immer noch über das Kochen reden, sonst klingen die nächsten Sätze nicht wie aus einem Kochbuch, sondern eher nach einem mörderischen Krimi. Ich habe Dir an früherer Stelle bereits ans Herz gelegt, Dich für alle Fälle mit einem großen Messer auszustatten. Groß und breit bringt Sicherheit, das meine ich wirklich ernst. Wenn ich nur noch ein einziges Messer in meiner Küche haben dürfte, wäre es ein großes. Doch warum genau? Was kann das große Messer, was das kleine nicht kann?

Ich würde behaupten, dass fast jede Messerart definitiv ihre Daseinsberechtigung hat. Dabei geht es weniger um die Größe des Messer gemessen an dem, was geschnitten werden soll, sondern um die Schnitttechnik, die verwendet wird. Schauen wir uns die verbreitetsten Messerarten von klein nach groß mal an.

Das Obstmesser

Meistens das kleinste Messer in jeder Küche, mit einem dünnen, schmalen Griff und einer kurzen, geraden Klinge. Wird auch als Gemüsemesser bezeichnet, finde ich aber eher unpassend. Denn mit diesem Messer lässt sich Obst, beispielsweise ein Apfel, optimal in der Hand schneiden, entkernen und schälen. Um eine Banane über Deiner Müslischüssel in Scheiben zu schneiden, ist dieses Messer die beste Wahl und sollte deshalb in Deiner Küche auch vorhanden sein.

Gemüse fällt meist wesentlich größer aus als Obst und wird daher nicht in der Hand, sondern eher auf einem Schneidebrett in kleinere Stücke zerlegt. Mit diesem Messer wäre es sehr mühsam und langwierig, eine große Karotte fein zu würfeln – vor allem, weil man nur die Spitze am Brett führen kann, da die Hand um den Griff auf dem Brett aufliegt und die Klinge dadurch in der Luft hängt.

Das Tomatenmesser

Es hat vermutlich einen ähnlichen Griff und eine etwas längere und dickere Klinge als das Obstmesser. Das entscheidende Merkmal sind die kleinen Rillen, die es leichter machen, durch die Schale von – Du hast es erraten – Tomaten zu schneiden, ohne sie zu zerquetschen oder zu versuchen, mit ellenlangen Sägebewegungen mit einem glatten Messer durchzukommen.

Es eignet sich zudem gut, dazu eine dünne Brotscheibe in der Mitte zu teilen, ohne das Brot zu zerreißen. Andere

Anwendungsbereiche liegen mir nicht auf der Hand. Meiner Meinung nach ist das Tomatenmesser praktisch zu haben, aber kein Muss.

Das Metzgermesser

Dieses Messer mit sehr breitem Rücken wird oft auch Hackbeil genannt. Es hat eine kerzengerade Klinge und einen stumpfen, abgerundeten Rücken. Für die Verarbeitung großer Stücke Fleisch ist es definitiv ein riesiger Vorteil, da die Klinge viel Gleitfläche für die führenden Finger bietet und dabei nicht im Fleisch verschwindet.

In der haushaltsüblichen Küche ist dieses Messer nur nötig, wenn tatsächlich große Stücke Fleisch verarbeitet werden.

Das Brotmesser

Sieht aus wie ein großes Tomatenmesser, hat eine relativ dicke Klinge mit großen, scharfen Wellen. Essenziell, um ein Laib Brot in Scheiben zu schneiden, ohne das Brot zu zerrupfen und das eigene Leben in Gefahr zu bringen.

Das Kochmesser

Die schon erwähnte Allzweckwaffe, die für die meisten Anwendungen, ja fast schon universell einsetzbar ist. Der breite

Rücken ermöglicht sichere Messerführung an den Fingerrücken und hat gleichzeitig den Effekt, dass unter dem Griff Platz für die Finger der führenden Hand ist, sodass sie nicht ständig zwischen Griff und Brett eingequetscht werden. Die leichte Rundung der Schneide ermöglicht schnelles Zerkleinern durch die Wiegetechnik.

Fassen wir zusammen: Die verschiedenen Messersorten ergeben Sinn, wenn man sie richtig benutzt. Manche von ihnen werden eher nur in Sonderfällen in der normalen Haushaltsküche verwendet, bei denen es meistens auch ein universell einsetzbares Messer getan hätte. Spezialmesser können aber umgekehrt nicht für alle Zwecke eingesetzt werden. Hat Deine Küche ein Obst-, ein Brot- und ein Kochmesser, bist Du für alles gewappnet.

Scharfe Messer, glücklicher Koch

Es gibt nichts Frustrierenderes, Sinnloseres und Gefährlicheres in der Küche als ein stumpfes Messer. Auf der anderen Seite gibt es kein besseres Gefühl, als mit einem guten, scharfen Messer durch Gemüse wie durch weiche Butter zu gleiten. Daher lege ich Dir wärmstens ans Herz, von Billigmessern abzusehen und Dir hochwertige Messer zuzulegen, die Du anschließend gut pflegst. Für den normalen Haushalt musst Du für ein gutes Messer keine mehrere hundert Euro auf den Tisch legen, aber ein zu günstiger Preis sollte Dich skeptisch stimmen und vom Kauf abhalten. Je härter der Stahl des Messers, desto länger bleibt die Klinge scharf und desto besser lässt sie sich auch nachschärfen, wenn es dann einmal soweit ist.

Stumpfe Messer schärfen

Das Schärfen solltest Du bestenfalls einen Profi machen lassen oder es Dir zumindest erst von Profis zeigen lassen. Werkzeug und Technik machen einen enormen Unterschied beim Endergebnis, und je besser Dein Messer behandelt wird, desto länger bleibt es Dir auch erhalten. Und damit Du nicht alle zwei Monate zum Messerschmied rennen musst, habe ich noch Tipps zur Handhabung Deiner Messer.

Messer richtig aufbewahren

In der Besteckschublade, in einem Messerblock aus Holz oder an eine Magnetleiste an der Wand – welche ist der beste Aufbewahrungsort für Deine Messer?

Hier kann es keine zwei Meinungen geben. Wenn es Dir irgendwie möglich ist, hänge Deine Messer mittels Magneten an die Wand. In einer Schublade, wahrscheinlich noch mit anderen Utensilien, ist schon vorprogrammiert, dass Metall an Metall stößt und Deine Klinge nicht nur stumpf wird, sondern auch noch kleine Schläge abbekommt, die die Schneide verformen.

Das ständige Rein und Raus bei Messerblöcken verursacht unnötige Reibung an der Klinge, die es schneller stumpf werden lassen als nötig. Die Magnetleiste ist Dein Freund, vorausgesetzt Du achtest darauf, erst den Messerrücken und nicht die Klinge an die Leiste zu bringen.

Richtig mit dem Messer umgehen

Dein Messer ist selbstverständlich ein Gebrauchsgegenstand und Abnutzung ist normal. Es gibt aber bestimmte Situationen, die vermieden werden können, um das Leben Deines Messers leichter zu machen. Wenn Du Gemüse auf dem Schneidebrett mit dem Messer verschiebst, bitte nutze den Messerrücken auf dem Brett. Seitliches Schaben mit der Klinge auf Holz ist Gift und der Gang zum Schmied wird unverzichtbar.

Effizientes und sicheres Schneiden

Hätte ich für jedes Mal, dass ich jemanden eine Zwiebel mit dem Obstmesser schneiden gesehen habe, einen Euro bekommen, wäre ich inzwischen bestimmt steinreich. Meistens sage ich nichts dazu, weil ich kein nerviger Besserwisser sein möchte. Dennoch erzeugt diese Beobachtung einen Knoten in meinem Kopf und ich sehe lieber schnell wieder weg. Es ist für mich jedes Mal ein kleines Wunder, wenn ein solches Experiment nicht mit blutigen Händen endet. Ich gehe davon aus, dass Du von diesem Buch auch etwas lernen möchtest und teile daher meine vermeintlich besserwisserischen Weisheiten.

Natürlich ist ein großes Kochmesser furchteinflößend. Ein falscher Griff und es kann unangenehm werden. Aber Profiköche hätten ja nach einem Jahr in ihrem Beruf schon keine Finger mehr, wenn große Messer wirklich so gefährlich wären. Es geht schlicht und ergreifend um die richtige Technik. Mit dieser Anleitung möchte ich Dich vor schmerzhaften Missgeschicken bewahren.

Um alle Deine Finger zu behalten, sogar unversehrt zu lassen und trotzdem schnell und effizient mit einem großen Messer zu schneiden, beachte zuerst die alles entscheidenden Grundregeln:

---

1. ***Niemals in Richtung Deiner Hand schneiden.***

2. ***Den Messerrücken immer parallel zu Deinen Fingern führen.***

3. ***Die Fingerkuppen leicht einknicken, sodass Deine vordersten Knöchel auf dem Gemüse liegen und Dein vorderer Fingerrücken senkrecht zum Schneidebrett steht.***

4. ***Den Messerrücken an Deinen Fingerrücken entlang gleiten lassen und dabei nie die Klinge höher als Deine Knöchel führen.***

Beachtest Du diese Regeln, wird Dein Kochabend nie wieder von einem blutigen Zwischenfall unterbrochen.

Um das Ganze etwas praktischer zu beschreiben, nehmen wir das Beispiel einer Zwiebel heran. Dabei lernst Du gleichzeitig, wie Du sie am schnellsten in kleine Würfel schneidest, ohne dass Dir ihre Schichten durch die Gegend flutschen.

Schneide die Zwiebel längs, also von Strunk zur Blüte, in zwei Hälften, entferne ca. 0,5 cm von der Blütenseite und schäle die beiden Hälften. Ganz wichtig ist, dass der Strunk dranbleibt, denn der verbindet alle Lagen der Zwiebel. Schneiden wir ihn ab, zerfällt sie in ihre Einzelteile. Die äußerste Schicht hält also den ganzen Laden zusammen. Verliert sie ihre Verbindung, gehen die Effizienz beim Schneiden und der Spaß am Kochen schnell verloren.

Lege die beiden Hälften mit der offenen Seite flach auf das Schneidebrett. Teile nun die Hälften jeweils horizontal, mit dem Messerrücken parallel zur Arbeitsfläche, von der Blüte in Richtung Strunk, aber nur so weit, dass die oberste Schicht noch von Blüte zu Strunk verbunden ist. Halte dabei die Zwiebel mit Deinen Fingerrücken von oben fest, indem Du sie leicht auf das Brett drückst. So beachtest Du auch wieder die goldenen Regeln, da Messer und Fingerrücken parallel liegen. Kerbe anschließend von oben, Messerrücken senkrecht und wieder von der Blüte zum Strunk ausgerichtet, vier bis fünf Schnitte nebeneinander, sodass wieder die äußerste Schicht um den Strunk herum noch Verbindungen behält. Navigiere auch hier mit Deinen Fingerrücken die Seite des Messers dorthin, wo Du einschneiden möchtest. Orientiere dann Finger und Messer wieder um 90 Grad zurück und schneide die eingekerbte Zwiebel in dünne

Ringe. Dabei zerfallen sie dank der vorherigen Kerbung in kleinste Würfel.

Längeres Gemüse wie Karotten und Zucchini lassen sich durch die Grifftechnik ebenso schnell und sicher schneiden.

Beschichtet oder nicht beschichtet

Die Meinungen zur Beschichtung von Töpfen und Pfannen gehen zu Recht auseinander. Beide Varianten haben ihre Vorzüge und Nachteile.

Der größte Vorteil einer Beschichtung ist ganz klar die sehr geringe Wahrscheinlichkeit des Festklebens und Anbrennens. Meiner Meinung nach ist es eine Frage des Kochstils und des Herdtyps. Ich persönlich bevorzuge unbeschichtete Töpfe. Zum einen, weil ich meine, die Hitze im Topf besser einschätzen zu können, da die Zutaten eben gerne am Boden kleben bleiben, wenn er zu heiß ist. Mit Beschichtung passiert das nicht, was eben leicht über die Hitze im Topf hinwegtäuscht. Zum anderen ist bei der Verwendung von Teflon äußerste Vorsicht geboten, wenn man Metallutensilien verwendet, um nicht die Beschichtung zu beschädigen und dadurch potenziell krebserregende Stoffe freizusetzen. Möchtest Du einen beschichteten Topf verwenden, rate ich Dir dringend, mit hölzernen Löffeln zu arbeiten.

Dinge, die Du immer auf Vorrat haben solltest

Um wirklich immer zu One Pot Pasta greifen zu können, wenn Du mal wieder spontanen Besuch nach einem langen Arbeitstag bekochen möchtest, empfiehlt es sich, den Vorrat entsprechend auszustatten.

Speisekammer

Der essentielle Bestandteil unserer Gerichte liegt auf der Hand: Eine Packung Nudeln solltest Du wirklich immer auf Lager haben. Da wir festgestellt haben, dass jede Sorte ihren Vorteil hat und dementsprechend zu verschiedenen Beilagen passt, bist Du natürlich mit mehreren Sorten im Schrank flexibler. Daher empfehle ich Dir, Dich mit einer großen Auswahl Nudeln Deiner Lieblingsmarke einzudecken, sobald sie im Angebot sind.

Mit Konserven lässt sich ziemlich viel anstellen. Die Chili-Nudeln beispielsweise lassen sich komplett mit Zutaten aus Dosen zubereiten. Ein paar Dosen gehackte Tomaten, Bohnen und Mais auf Lager und die Apokalypse kann kommen. Außerdem sind getrocknete Tomaten und eingelegte Paprika eine gute Auswahl für etwas ausgefallenere Noten.

Gemüsefach

Frisches Gemüse ist das A und O für einen guten Sugo. Sorge bei Deinem Wocheneinkauf dafür, dass Du Dich mit Zwiebeln, Knoblauch und Karotten ausstattest, denn gepaart mit den Konserven geht da schon Einiges. Und mit saisonalem Gemüse sind der Kreativität dann keine Grenzen mehr gesetzt.

Kühlschrank

Hartkäse wie Pecorino Romano oder Parmesan halten sich erstaunlich lang. Am besten verwahrt man ihn nach dem Öffnen eingewickelt in Wachspapier, wie ich in einer Käsefabrik in Parma lernte. Seitdem gibt es bei mir immer frischen Parmesan, was fast alle Nudelgerichte exzellent verfeinert.

Gefrierschrank

Tiefkühlgemüse, aus dem Supermarkt oder selbst eingefroren, sichert Dir eine abwechslungsreiche Küche, auch außerhalb der Saison.

Fisch und Fleisch sind frisch zwar am besten, ein wenig davon im Gefrierfach zu haben kann nie schaden.

Gewürzregal

Neben dem obligatorischen Salz und Pfeffer sollte von den Farben grün, gelb und rot unter Deinen getrockneten Gewürzen jeweils etwas vertreten sein. Um es Dir einfach zu machen, ist eine italienische Gewürzmischung ein guter Allrounder. Für Tomatensoßen empfehle ich außerdem, reinen Oregano zur Verfügung zu haben. Mit Marjoran lässt sich besonders Fleisch sehr gut würzen. Chili- und Paprikapulver sorgen für die nötige Schärfe. Chiliflocken eignen sich gut, um Gerichte mit einer leichten scharfen Note vor dem Servieren zu garnieren, ohne dass die Schärfe überall vertreten ist. Mit Curry und Kurkuma erzeugst Du fernöstliche Aromen. Und gemahlener Kreuzkümmel (auch als Cumin zu finden) macht es dem Magen leichter, Dinge wie Hülsenfrüchte zu verdauen.

Vegetarische und vegane Varianten selbst kreieren

Wie ich es mit dem Rezept für veganes Ragù schon getan habe, lassen sich die meisten Rezepte auch ohne tierische Produkte zubereiten. Als Ersatz für Hackfleisch nehme ich immer braune Linsen, weil sie sowohl von der Konsistenz als auch vom Nährstoffgehalt ähnlich sind.

Milch oder Sahne ersetze ich für vegane Varianten meistens mit Soja- und Kokosmilch. Zwar haben beide einen gewissen

Eigengeschmack, verhalten sich beim Kochen aber ähnlich wie die Pendants aus tierischen Produkten und enthalten genug Fett, um den Geschmack des Gerichts zu intensivieren.

Der beste Rat, den ich Dir geben kann, ist: sei kreativ! Wenn ein Rezept Zutaten beinhaltet, die entweder Du oder Deine Tischgäste aus ernährungstechnischen oder gesundheitlichen Gründen nicht essen können oder möchten, findet sich ganz oft sicher ein Weg, diese Bestandteile zu ersetzen oder einfach wegzulassen.

Sauber kochen

Eine Grundregel der gehobenen Gastronomie lautet: arbeite sauber! In vielerlei Hinsicht ist diese Regel wichtig und verständlich. Und warum solltest Du Dich in Deiner eigenen Küche nicht daranhalten?

In erster Linie sprechen natürlich Hygienegründe für Hände waschen, Gemüse säubern, Geflügel abspritzen und vieles mehr. Doch auch bezüglich Deines Equipments, Deiner Arbeitsfläche und Deines Herdes ist Sauberkeit vor, während und nach dem Kochen ein einflussreicher Faktor. Hältst Du Dein Spielfeld sauber und organisiert, behältst Du auch den Überblick. Das erleichtert Dir den Fokus auf das zu richten, was im Kochtopf geschieht, und nicht darauf, wohin denn jetzt schon wieder das Messer verschwunden ist. Falls Du das noch nicht tust, rate ich

Dir, darauf zu achten, dass vor allem während der Zubereitung alles seinen Platz hat und dort auch wieder hinkommt. Alles, was nicht mehr benötigt wird, kommt direkt in die Spüle oder, falls vorhanden, Spülmaschine. Und wenn im Kochtopf etwas brodelt und Du nicht umrühren musst, nutze die Zeit, um darum herum aufzuräumen.

Fleisch-Gemüsereste verwerten

Ist Dein Biomüll auch oft ziemlich schnell voll? Hast Du Dich nicht auch schonmal gefragt, ob man damit nicht noch etwas hätte anstellen können? In der Tat gibt es für die meisten Abfallprodukte beim Kochen eine einfach Art, sie noch zu verwenden.

Sowohl unerwünschtes Fleisch, Fett und Knochen als auch Stiele, Wurzeln und Schalen von Gemüse können wunderbar zu Brühe verarbeitet werden, die dann entweder als Suppe, als Zugabe zu Soßen oder zum Kochen von Pasta verwendet werden können. Einfach in einen Topf geben, etwas Öl und Salz hinzugeben und das Ganze mit Wasser bedecken, aufkochen lassen und mindestens 30 Minuten köcheln.

Für eine ausgewogene Gemüsebrühe verwendet man Teile von Karotten, Zwiebeln, Sellerie (Stange oder Wurzel), Lauch und Tomate. Es müssen nicht alle dieser Bestandteile vorhanden sein, aber wenn mindestens drei davon vertreten sind, schmeckt die Brühe auf jeden Fall gut. Für Fleischbrühe kommt zum Gemüse noch Knochen, Fett oder Fleisch hinzu.

Natürlich werden die festen Bestandteile nicht weiterverwendet, sondern aus der Brühe gesiebt. Dafür kann entweder ein kleines, feines Sieb in die Brühe gehalten und mit dem Schöpflöffel die klare Brühe aus dem Sieb geholt werden oder alles durch einen Sieb in einen anderen Behälter gestrichen werden.

Selbstgemachte Brühe lässt sich einwandfrei in Eiswürfelformen oder -beutel einfrieren und anstatt fertiger Brühwürfel in Rezepten verwenden.

Fruchtfliegen den Kampf ansagen

Vor allem an warmen Sommertagen sind die kleinen Tierchen, die sich innerhalb kürzester Zeit in ganze Schwärme zu vermehren scheinen, ein häufiger, nicht gern gesehener Gast in der Küche. Ich hatte vor zwei Jahren eine richtige Plage am Hals. Deshalb fragte ich Doktor Online, las mich in dieses Thema ein und schritt zur Tat. Wie der Name ihnen schon korrekt nachsagt, werden sie hauptsächlich von Früchten, besser gesagt vom Zucker an Obst, angezogen. Doch auch Alkohol und Essig ziehen die Biester magisch an.

Um dieses Problem im Keim zu ersticken, geht es zum einen um die richtige Lagerung von Obst und Gemüse. Äpfel lege ich im Sommer in die unterste Schublade im Kühlschrank, dort mögen es die Fruchtfliegen nicht und sie kommen auch nicht so leicht hin. Bananen werden in Tupperdosen aufbewahrt. Doch glaub es oder nicht, selbst als ich rigoros darauf geachtet habe, kein offenes Obst und Gemüse in meiner Küche zu haben, kamen diese Miniatur- Biester trotzdem wieder. Ich fand heraus, dass ihnen auch dreckiges Geschirr, nicht abgewischte Arbeitsflächen und Regale, vor allem dort, wo Essig und Öl stehen, Nährboden bieten. Seitdem nehme ich das Putzen vor allem im Sommer wesentlich ernster.

Diese Maßnahme hat geholfen, zwei Wochen lang war keine Fruchtfliege mehr da. Doch plötzlich kamen sie wieder, aus dem Nichts, obwohl ich kein Obst außen stehen und so penibel geputzt hatte! Was konnte das denn noch sein?

Na klar, leere Bierflaschen, Biomüll und Gelber Sack. Sind neben den vorigen Maßnahmen auch noch alle leeren Bier- und Weinflaschen ausgespült oder verschlossen und die beiden Mülleimer schön Dicht, haben Fruchtfliegen ganz sicher bessere Orte, um es sich bequem zu machen.

Wein länger frisch halten

Man nehme ein Glas Wein und schütte es in den Koch. In einigen unserer One Pot Rezepte ist ein Schuss Wein mit von der Partie. Doch was, wenn Du gerade keine Lust hast, den Rest der Flasche ganz allein zu trinken und morgen verkatert zur Arbeit zu gehen?

Wie oft hatte ich schon an einem Freitagabend noch Wein vom Kochen unter der Woche übrig. Als ich ihn probierte, konnte ich ihn zwar noch einigermaßen trinken, aber ich wusste, er schmeckt ganz anders als er sollte. Beim Besuch auf einem italienischen Weingut wurde mir klar, warum. Wenn eine Weinflasche geöffnet im Kühlschrank steht, altert der Wein innerhalb eines Tages so, wie er es in einem Jahr im Fass tun würde, lernte ich dort. Der 2016er Jahrgang, der seit 4 Tagen offen im Kühlschrank, ist jetzt also praktisch ein 2012er. Und dabei haben sich auch noch andere Partikel aus der Wohnungs- und Kühlschrankluft untergemischt und ihren unrühmlichen Teil dazu beigetragen. Prost?

Um diesen unerwünschten Alterungsprozess zu vermeiden, hat sich glücklicherweise schon eine Lösung gefunden. Von verschiedenen Anbietern in verschiedenen Ausführungen gibt es Verschlüsse für Wein- und Sektflaschen, mit denen man die offene Flasche weitestgehend vakuumieren kann und so den Prozess vermeidet. Mit ihnen hält sich geöffneter Wein angeblich bis zu einer Woche lang frisch.

Selbstgemachte Fertiggerichte

Sich Essen für den Abend oder für den nächsten Tag vorzubereiten, wird neumodisch gerne auch "Food Prep" genannt. Mit der One Pot Pasta funktioniert das sogar so gut, dass die Pasta immer noch frisch ist, wenn Du sie "aufwärmst".

Mithilfe der einfachen Technik – das Gericht nur zur Hälfte zu kochen und, kurz bevor Du es essen möchtest, das Wasser und die Nudeln hinzuzufügen – kannst Du das Gemüse schneiden und Sugo kochen auf den Vorabend oder auf den gleichen Morgen verschieben und musst am Abend im Prinzip nur noch den Herd anschalten.

Zum Beispiel die Orecchiette mit Frühlingsgemüse können perfekt vorbereitet werden. Folge am Morgen dem Rezept bis einschließlich Schritt 7, direkt vor dem Hinzufügen des Wassers und der Pasta. So hast Du das Gemüse schon fertig und es müssen am Abend nur noch die Nudeln zubereitet werden. Drei Handgriffe und 15 Minuten, und willkommen im deliziösen Feierabend!

Schlusswort

So simpel das Konzept auch scheinen mag, die One Pot Küche hat auch mich anfangs überrascht und sie tut es noch heute. Nicht nur die Anzahl der verschiedenen Küchenstile, die man mit nur einem Topf bedienen kann, ist fast unendlich. Sogar jeder dieser Stile, wie auch die One Pot Pasta, hat ein endloses Spektrum an Variationen im Petto. Von Fleisch und Fisch bis Gemüse und Käse, dank der simplen Grundzutaten sind den Kreationen in der Pastawelt wirklich keine Grenzen gesetzt. Kein Wunder, dass Nudeln überall auf der Welt gegessen werden, oder?

Gute Küche und eine gepflegte Esskultur waren schon immer ein wichtiger Teil meines Lebens. Ich bin unfassbar dankbar, dass meine Eltern daheim frisch gekocht haben und mich auch am Prozess teilhaben lassen, wenn ich wollte. So wurde mir mein Pfad ja praktisch in die Wiege gelegt. Es ist ein Privileg, sich so viel Gedanken über Essen machen zu dürfen, und es ist ein Privileg, selbst so vielfältig kochen zu können. Ich könnte mir nicht vorstellen, meinen Kindern irgendwann einmal Spaghetti mit Nix servieren zu müssen, weil ich mir nicht anders zu helfen wüsste. Und ich wünsche mir, dass das niemand muss. Das Leben ist zu kurz für schlechtes Essen!

Daher bin ich auch unheimlich glücklich darüber, jahrelange Erfahrung gesammelt und vor allem eine ordentliche Portion Amore für Kulinarik entwickelt zu haben. Es war mir eine Ehre, diese Leidenschaft und mein Wissen über Pasta mit Dir, dem frisch gebackenen One Pot Pasta Profi, teilen zu dürfen. Mögen die Nudeln aus einem Topf für immer Deine Geheimwaffe bleiben. Wenn Du mal wieder spät nach Hause kommst und eine schnelle Mahlzeit brauchst. Wenn Du Deinem Besuch in zwanzig Minuten etwas Leckeres auf den Tisch zaubern möchtest. Und wenn Du auf Deinem nächsten Städtetrip in Deiner Airbnb-Küche nur einen Topf zur Verfügung hast und weißt:

Du hast das im Griff.

Printed in Germany
by Amazon Distribution
GmbH, Leipzig

21033667R00066